中国城镇化进程中的农村土地制度改革

张郁达 著

知识产权出版社

全国百佳图书出版单位

图书在版编目（CIP）数据

中国城镇化进程中的农村土地制度改革/张郁达著 . —北京：知识产权出版社，2015. 10
ISBN 978-7-5130-3833-1

Ⅰ.①中… Ⅱ.①张… Ⅲ.①农村—土地制度—研究—中国 Ⅳ.①F321.1

中国版本图书馆 CIP 数据核字（2015）第 238349 号

内容提要

农村土地制度改革是我国深化经济体制改革的重要领域，也是影响我国"三农"发展的关键问题，更是党的十八大尤其是十八届三中全会以来党中央高度重视的改革事项。本书集中反映了我国城镇化进程中农村土地制度改革的现状，既有对国内外农村土地制度改革的阶段性分析和成就经验总结，也有对我国在城镇化加快推进背景下农村土地制度改革未来发展思路和方向的深思。全面的总结和透彻的分析，有助于广大干部群众全面了解我国城镇化进程中的农村土地制度改革状况，更好地推动我国农村土地制度改革顺利进行。

责任编辑：龚 卫 崔 玲　　　　　　　责任校对：董志英
装帧设计：Sun 工作室　　　　　　　　责任出版：刘译文

中国城镇化进程中的农村土地制度改革
张郁达　著

出版发行：知识产权出版社 有限责任公司　　　　网　　址：http://www.ipph.cn
社　　址：北京市海淀区马甸南村 1 号（邮编：100088）　天猫旗舰店：http://zscqcbs.tmall.com
责编电话：010-82000860 转 8121　　　　　　　责编邮箱：cuiling@ cnipr. com
发行电话：010-82000860 转 8101/8102　　　　发行传真：010-82000893/82005070/82000270
印　　刷：三河市国英印务有限公司　　　　　　经　　销：各大网上书店、新华书店及相关专业书店
开　　本：720mm×1000mm　1/16　　　　　　印　　张：14. 25
版　　次：2015 年 10 月第 1 版　　　　　　　　印　　次：2015 年 10 月第 1 次印刷
字　　数：185 千字　　　　　　　　　　　　　定　　价：50. 00 元
ISBN 978-7-5130-3833-1

序

  城镇化既是工业文明发展到一定阶段的产物，又是工业文明进一步发展的必然要求。城镇化的过程，说到底，就是工业化的实现与提升过程以及在这个过程中人口的集聚、集中与市民化发展。反过来说就是，工业化的发生过程，一定是一个由人口的城镇化和市民化相伴而生的制造业持续大集中和生产方式不断大升级的发展过程。离开了工业化，不可能实现人口的城镇化；人口的普遍城镇化和广泛市民化，相伴而生的一定是工业的现代化。城镇化及其实现过程，不仅为人口的不断集聚与持续走向集中提供了必要环境支持和社会生活载体，而且为工业化的持续健康发展提供了重要社会依托。但是，在不同国家由于其所处发展阶段不同，工业化以及与其相伴而生的城镇化的实现路径也会有很大不同。

  我国的城镇化过程与一般国家相比，就有很大的不同。尽管无论是我国城镇化的具体进程，还是工业化的实现过程，都始终离不开人口的集聚和集中，但由于我国城乡分割的户籍制度和农村土地制度的特殊性，不仅使人口的集聚和集中采取了"农民工"形态，而且使农村土地制度及其变革客观地成为我国城镇化实现过程中无法绕开的一个"节"。张郁达博士在其博士学位论文基础上修改完成的《我国城镇化进程中的农村土地制度改革研究》一书,站在我国工业现代化快速发展和从经济大国顺利迈向经济强国的高度,运用历史和逻辑相统一的方法,通过实证分析,探讨和阐明了我国城镇化进程中的农村土地制度及其改革以及这种改革与我国工业化和城镇化发展的关系。

在我国经济社会发展的现阶段,城镇化过程中遇到的主要障碍,直观地看,似乎就是城乡分割的户籍制度,即农村居民户口转为城镇居民户口所遇到的制度性障碍。但是,深入分析,则不难发现,我国城镇化发展过程中遇到最大困难和最突出问题,实际上并非户籍及其制度。因为,从户籍及其制度所反映的一般关系角度看,户籍是居民个人参与某一个社区必须付出的各种成本及其作出参与安排后可能得到的收益之间的比较的确认凭证。只有在他(她)本人作出自己的选择并经其选定的特定社区确认而成为本社区户籍人口后,他(她)才能参与到本社区的务期生活中来,从而他(她)才能享有本社区为其提供的各种服务与福利。即使将上述一般关系上升到国家高度,与之相关的户籍及其制度在内涵上并无本质差别。至于因户籍关系的变化所产生的医疗保障、子女入托或上学等社会性福利差异,则是由户籍及其制度派生的居民福利。这类居民福利是一个地区或国家生产力发展和制度改进的结果,而非城镇化实现与否的原因。因为,只要没有其他非市场因素障碍的干扰,随着市场经济的发展,随着更多农村人口进城经商并成为具有一定支付能力的市场主体,城镇居民所享有的医疗保障、孩子入托、子女就学等社会福利,均可以在市场竞争过程中通过税收和财政再分配的办法得到实现。从这个意义上说,户籍及其制度并不构成城镇化发展的首要障碍。这一点可以通过对比农村居民对国务院于 2014 年 7 月 30 日下发的《关于进一步推进户籍制度改革的意见》（以下简称《意见》）的反应得到印证。《意见》虽然明确提出"取消农业户口与非农业户口性质区分和由此衍生的蓝印户口等户口类型，统一登记为居民户口"❶等政策，但广大农村居民却并未如同 20 世纪七八十年代那样表现出极大的热情，恰恰相反，很多在城里打工的农民似乎并不急于将自己的户口转成"城镇居民户口"。毫无疑问，这种现象的发生既与国家关于农村居民"三权"长期稳定的政策有关，也与各级地方政府相继出台了有助于解决农民工子女入托、上学等帮扶政策有关，即与其福利最大化的比较与最终实现有关。

大量案例调查和实际资料均表明，在我国工业化发展及其实现过程中，妨碍城镇化发展的最大障碍是农村土地制度。农村土地制度已经成为我国工业化和城镇化发展进程中广大农民——包括已经进城的和正在准备进城的以及将来不准备进城和愿意永远留存农村务农的人们——特别关心的问题。

我国现行农村土地制度，是改革开放后在继承"一化三改"基础上形成的。现行土地制度，本质上是"以联产承包负责任"为基础的土地归属与管理制度。其法律依据是《中华人民共和国宪法》（以下简称《宪法》）。《宪法》第 10 条第 2 款明确规定："农村和城市郊区的土地，除由法律规定属于国家所有的以外，属于集体所有；宅基地和自留地、自留山，也属于集体所有。"其实践依据是农民通过自食其力、精

---

❶ 参见《国务院关于进一步推进户籍制度改革的意见（国发〔2014〕25 号）》，http://zhidao. baidu.com/link?url=-rgcc_ gZARa9k-7Y0rd1HlGzqyXf7L_ GXaUItShkOOi8FsPJQVK97Koby-uoBOuEHzow H403oDr218ByN17BOvtqQh7-C5fVdUGlUqQ68Jm.

耕细作，按照承包土地的多少，"交足国家的，留足集体的，剩下全是归自己的"这样一个原则，联产承包，实现土地等基本生产资料公有制与充分发挥农民个人劳动生产积极性的有机结合，以此达到既保证土地等基本生产资料的集体共有，又能够放手让农民自主经营、自谋发展的目的。通过联产承包，既保证了农民对土地的实际支配权和经营自主权，又实现了农民合法收益的最大化。因此，这一制度一经实行，便收到合乎人之本性要求的良好效果。但是，随着我国市场经济的持续健康较快发展，联产承包责任制也同样遇到了农村劳动力进一步自由流动和土地承包者迫切要求实现主业转换的限制。于是，在农村土地集体共有权不变前提下，土地承包后的实际支配权、承包土地的经营权是否允许流转问题便提到了日程。适应我国工业化和城镇化发展的需要，中办、国办于 2014 年 11 月 20 日印发了《关于引导农村土地经营权有序流转发展农业适度规模经营的意见》，明确指出：要在坚持农村土地集体所有的前提下，"实现所有权、承包权、经营权三权分置，引导土地经营权有序流转"，以达到"坚持家庭经营的基础性地位，积极培育新型经营主体，发展多种形式的适度规模经营"的目的。❶

　　然而，这样一种改革模式必然会遇到一系列制度性和法理性挑战。其中，最大挑战是农民如何通过土地的流转最终把他们所拥有的承包地的承包权、经营权和宅基地的经营自主权变为实际财产收益权的同时，允许经土地流转而得到新的土地规模经营权的土地经营者获得更加灵活有效的实际支

---

❶ 参见中办，国办印发. 关于引导农村土地经营权有序流转发展农业适度规模经营的意见 [N].人民日报，2014-11-20（3）.

配权。正如有专家指出的："集体所有权实际上是在一个时点设置下的人人共有、人人有份的所有权制度"，"承包权是集体所有权跟集体组织内部成员之间发包和承包的关系"，"经营权是承包经营权派生出来的，不是一个独立的权利，……受承包经营权约束"，"承包权是一个田地权，经营权是一个田面权"，因此，经营权必须小于承包权，否则难免带来实际土地流转与运营过程中的权利冲突，形成包括潜在信贷风险在内的巨大风险。❶

　　张郁达博士在《中国城镇化进程中的农村土地制度改革》一书中，试图以制度经济学、政治经济学为基本理论支持，以博弈论为主要分析工具，以统计实证为主要研究方法，分析和探讨了城镇化进程与农村土地制度变迁的关系，论证和阐明了农村上地流转制度的改革是我国农村土地制度改革的重要一步，指出了这一改革对于全面解放农村劳动力、促进农村人口"离土离乡"、并由此组成新型城镇居民和现代产业大军，进而大幅度提升我国城镇化水平和新型工业化向更高层次方向发展所具有的积极意义。围绕城镇化进程中的农村土地制度改革这样一个主题，作者首先对我国农村土地制度的历史变迁和城乡发展状况做了系统阐释，进而运用计量经济学模型和土地绩效评估等方法，分析了城镇化发展与农业现代化进程的关系，揭示了农村土地制度及其改革对于我国工业化和城镇化进程的影响，分析了我国现行土地制度及其政策法规之间存在的不协调、不一致和个别条款过时严重妨碍我国工业化和城镇化发展等问题，提出了从法律上打破国家所有、集体所有的土地所有权限制，阐明了按土地性质

---

❶ 参见金辉. 农村土地三权分置改革专家谈 [N]. 经济参考报, 2015-8-6 (8).

划分农村土地流转范围和方式，赋予农民永久性土地承包支配权，允许城市居民购买农村居民宅基地，并由此赋予农民实质财产权以及放宽资本下乡"适度规模"限制，引导和推进我国农业规模化、集约化和现代化发展等一系列政策建议。

毫无疑问，张郁达博士的这些分析、探讨和阐述仍然是初步的。随着我国农村土地制度改革的不断深化，随着我国工业化进程的进一步加快，随着我国大国经济发展的路线图进一步清晰，有关我国城镇化进程中的土地制度改革问题的研究也会进一步深化。显然，从这个角度看，张郁达博士的这项研究成果付梓出版，不仅有助于进一步深化我国城镇化进程中土地制度改革的理论研究与政策实践，而且有助于为进一步深化我国农村土地制度改革，大力度推进我国全面小康社会建设提供更加深刻有力的理论支撑和政策指导。

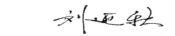

2015 年 12 月 10 日于北京小倦游斋

摘　　要

　　农村土地制度改革是我国深化经济体制改革的重要领域，也是影响我国"三农"发展的关键问题，更是中共十八大尤其是十八届三中全会以来党中央高度重视的改革事项，同时也是快速推进我国城镇化进程的重要制度保障。城镇化是工业文明发展到一定阶段的必然产物，它在不断促进非农产业向城镇聚集的同时，还引导农村人口向城镇集中，促使传统农业向规模化、集约化、机械化和物联化发展，是国家现代化的重要标志。中共十八大报告提出，"要坚持走中国特色新型工业化、信息化、城镇化、农业现代化道路，推动信息化和工业化深度融合、工业化和城镇化良性互动、城镇化和农业现代化相互协调"的策略。城镇化与农业现代化是"四化"的重要组成部分，城镇化是载体，农业现代化是基础，二者相互依托、相互影响。现阶段，我国的城镇化主要是农业机械化、农村现代化、农民市民化的过程，"三农"的发展主要依附于土地。2015年中共中央一号文件要求将新型城镇化与农业现代化相结合，围绕城乡发展一体化，进行农村集体产权和土地制度改革，从而实现农业强、农村美、农民富。在深入推进城镇化建设进程中，土地制度和户籍制度是两大难题。中国历经 30 多年的改革和发展，现行农村土地制度的弊端逐渐显现：城乡土地同地不同价问题突出；农村土地承包经营权确权登记颁证进展缓慢、参差不齐；农村集体土地交易由国家和政府直接控制，土地收益补偿分配不合理；农耕地和宅基地不能正常自由流转，且形式复杂多样；与土地管理相关的法律法规和文件之间相互矛盾等。这些由制度引发的问题，严重阻碍了我国城镇化进程。因此，探讨研究科学合理的农村土地制度，不仅对解决城乡"二元化"，提高农民收入，实现农业产业现代化具有重大意义，也是拉动我国内需，避免陷入"中等收入陷阱"和"刘易斯拐点"，推动中国城镇化发展的重要保证。

本书以制度经济学、政治经济学和博弈论等为主要理论依据和研究方法，分析和探讨了我国农村土地制度的历史变迁和城乡发展现状。并从中国农村土地制度改革的强制性制度变迁和诱致性制度变迁角度，解释了农村土地改革对城镇化进程的影响和城镇化进程中农村土地制度改革的重要作用。

围绕主题，本书在以下几个方面进行了分析、探讨和研究：

全面开展土地确权颁证工作，重新科学合理地划分农村土地。由国家自上而下成立专门的农村土地确权机构，对城郊非经营用地、村民组未分配土地和农村承包土地进行全面确权。土地确权后，按照农村家庭即实际人口情况，划分包括村民组未分配土地在内的农村土地，并颁发给农民相应的土地确权证书。分类实施农村土地征收、集体经营性建设用地入市、宅基地制度改革，加强对改革的指导监督，在已有试点改革的基础上，边总结、边完善，形成可复制、可推广的改革成果，建立兼顾国家、集体、个人的土地增值收益分配机制，合理提高个人收益，积极推进我国城镇化进程。

修订相关法律，赋予农民永久的土地使用权，降低土地交易成本，提升农村土地利用效率。"科斯第二定理"说明，当交易成本大于零时，不同的权利界定，会带来不同效率的资源配置。制度既提供经济增长和源泉，也可能由于不能激励经济增长，而导致制度需求与供给的逆向变动。产权制度是决定经济效率的内生变量，好的法律，应该是能够降低交易成本，实现资源优化配置的法律。目前，我国现行的土地相关的法律制度中，存在法与法之间条款冲突、个别规章条款过时等问题，明显增加了我国的土地交易成本，降低了土地资源配置效率。为解决上述问题，实现土地配置的"帕累托最优"，需要重新修订相关法律条款。从法律上打破所有权限制，土地不再分为国家所有和集体所有，只按照土地性质划分，在不改变其性质与用途的前提下，赋予农民永久的土地使用权。只要国家不因战争、国家建设等公共利益征占土地，农民的土地使用权将等同于其他私人财产权利，神圣不可侵犯。将土地作为农民的私有财产，受宪法和物权法等法律保护。同时，在坚持和完善严格的耕地保护制度前提下，赋予农民对承包地占有、使用、收益、流转及承包经营权抵押、担保权能。在符合规划和用途管制前提下，允许农村集体经营性建设用地转包、转让、出售、抵押、租赁、入股，实行与土地同等入市、同权同价。

建立国家和地方两级土地交易市场，允许农村宅基地在城乡之间自由流转。一方面，建立国家和乡县两级土地流转交易平台。国家级土地交易平台实行网络化管理，汇总全国各地的土地信息，土地流转不再受地域和规模限制，面向全国公布各地待流转土地的信息。乡县级土地交易市场实行市场化管理，推动农民土地流转交易向公开、公正、规范运行。通过流转，实现土地使用由小规模分散经营向规模化、集约化、机械化、物联化经营转变，建立新型的现代化农业经营模式，并对农村组织形式和行政地域进行重新规划和升级。另一方面，建立农村宅基地自由流转市场。政府为农村宅基地办理与城市商品房效力相同的房屋产权证书，同时享有与城市商品房相同的权益。农村宅基地可同时在城乡市场自由流动，允许城市居民到农村购买宅基地。在流转过程中，无论以何种形式进行征地或土地（宅基地）流转，所产生的补偿和增值收益，都应直接分配给使用权所有人，政府只征收相应的交易税或流转税，不再从征地补偿或土地增值收益中抽成。

放宽对资本下乡的规模限制，引导和鼓励社会资本投向农业生产和农村基础设施建设。对于能够商业化运营的农村服务业，面向社会资本全面开放。综合运用内生金融、土地信托、农场制、股份制和合作社等多种方式，投资农业现代化建设。

快速实现城乡居民服务均等化，取消一切影响城乡二元化的法规和政策，建立统一的社会保障体系，实现"以地养老""以房养老"等多种社会保险模式和保障机制。农村居民享有与城市居民同等的失业、养老、住房、教育、医疗等社会保障福利待遇。政府引导和扶持农民在城市创业或再就业，解放农村剩余劳动力，提高社会生产率。最终彻底实现农民"市民化"、农村城镇化、农业现代化。推进农村改革和制度创新，使之与新型城镇化协调发展，形成双轮驱动，从而推动我国城镇化进程朝着稳步健康态势发展。

关键词：城镇化；土地制度；改革

Abstract

The reform of rural land system is the deepening of China's economic system reform important field, but also affects the key issues of China's "three rural" development, is the party's eighteen especially since the Third Plenary Session of the Eighth Central Committee of the Communist Party of China attaches great importance to the reform issues. At the same time, it is the important system guarantee for the rapid advancement of Chinese urbanization. Urbanization is the inevitable product when industrial civilization developed to a certain stage, which not only continuing to promote non-agricultural industries gathered in the town, but also guiding the rural population to towns and cities, and urging traditional agriculture develop towards large-scale, intensification, modernization and instrumentation, it is an important symbol of national modernization. Report to the Eighteenth National Congress of the Communist Party of China put forwards that adhere to the Chinese characteristics of new industrialization, informatization, urbanization, agricultural modernization strategy, by promoting a deep integration of information technology and industrialization, a positive interaction of industrialization and urbanization, a coordination of urbanization and agricultural modernization. Urbanization and agricultural modernization are the major parts of "four modernizations", urbanization is the carrier, and agricultural modernization is the basis, there is a closely link between those. At present, Chinese urbanization process is mainly agricultural mechanization, urbanization of farmers, rural modernization, the development of those mainly attached to the land. No. 1 Central Document in 2015, requested that the new urbanization and agricultural modernization should combine around the integration of urban and rural development, carry out rural collective property rights and land reform, thereby implement agriculture strong, rural beauty and farmers rich. However, further promote urbanization in this important stage of development, the household registration system and land system are the most difficult problems affecting the process of urbanization. After 30 years of development, the disadvantages of the current rural land system in China appear gradually, such as the outstanding issues of urban and rural land with different land price; varies certification progress of rural land contract and management rights; rural collective land transactions directly controlled by the State and the Government, land compensation income distribution is unreasonable; agricultural land and homestead are not free to flow, the form is complex and diverse. These contradictions and problems caused by land system, seriously hindered the process of urbanization. Therefore, research and formulate scientific and reasonable rural land system in the process of urbanization, not only of a great significance to promoting our country's urbanization development and solving the urban and rural duality, increasing farmers' income, realizing agricultural modernization, but also provides an important guarantee to avoid China falling into "Middle Income Trap" and "Lewis Turning Point".

In this paper, based on the institutional economics, political economics and game theory as the main theoretical basis and research methods, analysis and discussion of China's rural land system changes and the history of urban and rural development. And from the reform of the rural land system China mandatory institutional change and induced institutional change perspective, explains the important role of the rural land system reform of rural land reform effect on urbanization and urbanization process.

Around the theme, this thesis will analyze and discuss from the following aspects:

Carry out a comprehensive land ownership certification work, re-division rural land. Establishing a Top-down special agency of rural land ownership by the State, indeed the holistic right of non-operational urban land, non-allocation land of villagers group and rural land, land use right certificate issued. After completion of the overall land ownership, in accordance with the actual demographics of rural households, it will include all rural land villagers group unallocated land, including one-time reclassification, and presented the appropriate land ownership certification to farmers. Meanwhile, carry out various forms of reform, classification implementation of rural land acquisition, collective management of construction land market, homestead system reform, strengthen supervision and guidance, while the experiments, it must be summarised and improved in time to form a replicable propagable reform results. The establishment of both national, collective and individual land value-added income distribution mechanism, a reasonable increase in personal income, actively promote the Chinese urbanization process.

Modify relevant laws, empower farmers permanent land use rights, reduce the cost of land transactions, and increase the efficiency of land use in rural areas. According to "the Coase Theorem second", when the transaction cost is greater than zero, the right to define the difference, will bring a different efficiency of resource allocation. System provides both economic growth and the source of system may also be due not stimulate economic growth, which leads to changes in demand and supply system. Property rights system is to determine the economic efficiency of the endogenous variable, good laws, it must be able to reduce transaction costs and achieve optimal allocation of legal resources. However, in the current land-related legal system of our country, there are conflicts between law and law provisions, individual regulatory provisions and other types of obsolescence issues, significantly increase the cost of land transactions, reducing the efficiency of resource allocation of land. To solve the above problems and achieve land configurable "Pareto optimal", it is necessary to revise the relevant legal provisions. Break ownership restrictions from the law, land is no longer divided into state ownership and collective ownership of land divided into only in accordance with the nature, without changing the nature and purpose of the premise, give farmers permanent land use rights. As long as the national war, national development, land grabbing or other public interest, farmers' land use rights will be equivalent to other private property rights, the sanctity. Land as peasant private property protected by "the Constitution" and "Property Law" and so on. Meanwhile, uphold and improve the most stringent farmland protection system under the premise of giving farmers contracted land possession, use, income, contract management rights transfer and mortgage, hypothec. In line with the planning and use control premise, allowing the rural collective management of construction land subcontract, transfer, sell, mortgage, lease, shares, equivalent to the implementation of the state-owned land into the market, with the right to the same price.

Set up land circulation market in two levels from central and regional government, allow free transference of the rural homestead between urban area and rural area. On the one hand, establishing national and county level of land transfer platform. National Land trading platform implementation of network management, land information aggregated across the country, announced the transfer of land information over the country, land transfer is no longer subject to scale restrictions and geographical restrictions. Rural county land market implement a market-oriented management, promoting farmers land deal transfer transaction to open, fair and standardized operation. By transfer, realization of land use changes from small-scale to large-scale intensive, mechanization, things electronic information management of decentralized management, the development of standardization and modernization of the mechanical work, to establish a new business model farm system of agriculture, re-plans and upgrades rural organization form and administration area.

On the other hand, establishing a rural homestead free circulation market. Government handled the rural homestead housing and urban housing ownership certificates the same effect, while enjoying the same circulation and urban housing authority. Rural homestead which can freely flow in the urban and rural markets, allowing city dwellers to the countryside to buy homestead. In the transfer process, no matter under what kind of form of land or land (homestead) circulation, compensation and benefits arising from value-added should be allocated directly to the rights owner, the government imposed a corresponding transaction or turnover tax, no more land compensation or land value-added benefit rake.

Loosen up restrictions on capital rusticate, guide and encourage social capital to invest in rural mass production, rural infrastructure and other kinds of business in rural area. For rural service which can be commercial operation, fully open to social capital. Integrating use of endogenous financial, land trusts, joint-stock and family system and other means, to guide large-scale agricultural operations.

Fast implement the equality of urban and rural residents service, cancel all regulations and policies of effect city-countryside dualization, the establishment of a unified social security system, to achieve "pension", "housing endowment" and other social insurance mode and the safeguard mechanism. Rural residents and urban residents enjoy the same pension, unemployment, housing, education, health care and other social security benefits. Government guidance and re employmentin the city to start a business or to support farmers, rural surplus labor, improve social productivity.

The final realization of farmers' citizenization, rural urbanization, agricultural modernization. To promote rural reform and innovation, and make the coordinated development of new urbanization, the formation of two wheel drive, so as to promote the urbanization process of our country towards the steady and healthy development trend.

Key Words: Urbanization; Land System; Reform

目　　录

第一章

绪　　论

第一节　研究背景及其意义

城镇化又称城市化，是指由农业为主的传统乡村型社会逐步转变为以工业和服务业为主的现代城市型社会的变化过程，它产生于工业时代，并随着工业化的发展而发展，它是一个国家或地区社会生产力的发展、科学技术的进步以及产业结构调整的结果，也是人类社会具有现代城市特征演化的历史过程。扎实推进城镇化进程是顺应社会发展规律，全面建设社会主义现代化进程，实现中华民族伟大复兴的必然要求。

2012 年 11 月召开的中共十八大会议强调，要始终坚持走中国特色城市化以及农村现代化之路，促进二者的齐头并进。这一决定充分体现了城镇化和农业现代化互为一体的互动关系，两者互为表里、相互依托、相互影响，共同组成了中国特色的"四化"。目前我国的城镇化率为 54.77%，相对于与我国发展水平接近的发展中国家 60% 的平均城镇化率存在一定差距，相对于发达国家 80% 的平均城镇化率差距更是巨大，这充分说明我国的城镇化率还处在一个较低的水平上，还有巨大的提升空间。城镇化的发展与工业化发展息息相关，但它们并不是简单的正比例关系，而是呈 S 形曲线，按照诺瑟姆的 S 形曲线理论，我国目前处于 S 形曲线中部，这说明我国的城镇化率应达到 60% 或者更高。●

1978 年安徽凤阳小岗村实行的土地承包责任制拉开了改革开放的序幕，在经历了 30 余年的发展变化后，目前我国农村基本确立了集体所有、承包到户的土地制度，在这个前提下，其使用形式多种多样。我国农村土地制度的变迁极大地解放了生产力、提高了生产效率，造就了我国经济的飞速发展，是一个通过制度变迁而实现经济飞跃的成功案例。同时，这种制度变迁的应用及成果完善了制度经济学的内涵，也将会对其他国家或地区起到启发作用。

我国现行的农村土地制度经历了 30 年的发展历程，在现代化的大背景下其弊端日益显出来，出现了许多制约生产力进一步解放的因素，由此也引起了一系列新的问题，这一体制在一定程度上已经成为农业发展的不利因素。2015 年中央一号文件要求，将新型城镇化与农业现代化相结合，围绕城

● 成一虫. 城镇化的重点是市民化 [N]. 21 世纪经济报道，2014-8-1.

乡发展一体化，进行农村集体产权、土地制度改革，实现农业强、农村美、农民富。但现状是："农民真苦，农村真穷，农业真危险"；城乡土地同地不同价问题突出；农村土地承包经营权确权登记颁证进展缓慢、参差不齐；农村集体土地交易由国家和政府直接控制，土地收益补偿分配不合理；农耕地和宅基地不能正常自由流转，且形式复杂多样，人多地少或人少地多的状况大量存在；土地征收后，农民利益得不到有效保障等。实现"强富美"这一目标看似庞大，但其设计的核心问题只有两个，即人和地。我国传统的城镇化是一种土地城镇化，重城市轻农村，重工业轻农业。在这种模式下，原本应属于农民、农村、农业的权益被国家、城市、工业强制性地攫取，导致我国城乡差距不断扩大。

如何协调好农民与土地、城市与农村之间的关系，不仅关系到"三农"的发展，还直接关系到我国的城镇化和现代化进程。从制度的角度看，二元土地产权制度对新型城镇化的不利影响最为严重。这其中表现最为明显的是两种状况：第一种情况是将土地作为城镇化发展的重心，把城镇土地和农村土地分配作为工作的突破口，大规模增加城镇用地、减少农业用地，这在某种程度上化解了城镇发展缺地、缺钱的窘境，表面上提升了城镇化率。这种情况的出现与一些地方干部对于城镇化的错误理解有很大关系，他们认为城镇化就是征地、拆迁和造新城的过程，很明显的，这种做法严重损害了农民的利益。第二种情况是单纯扩建城市而忽略基础设施建设，有些地方将提升城镇化率的指标奉为尚方宝剑，肆意征收农民土地，大规模圈地建设城市，但却忽视了最基本的基础设施和公共服务建设，导致了许多"鬼城"的出现。这种做法严重侵害了农民作为土地产权主体、交易主体和分配主体的地位，损害了农民的相关利益。

中国虽然是个农业大国，但农民的收入还很低。在意大利、法国、英国的农村，农民都住在别墅里，前后都是花园，生活品质和品位都很高。而中国农业最主要的问题还是深层次的机制问题。土地制度创新是实现我国城镇化的基础和前提，中国的农业应该搞规模化、集约化、科技化、品牌化，让更多的农民穿上工作服，获得更多的培训和学习机会，得到更多的保险和社会福利。唯有让农民减少对于土地的依赖，摆脱掉现行土地制度的约束，拥有更多选择的机会，农民才会真正离开农村向城市迁居，真正成为城市居民。此外，应该鼓励更多的国企和民企去农村发展、投资，为农业作出更多的投入，解决农业落后问题。当然，中国农业要怎么发展，不是一个农民、一个企业能解决的，也不是一个县委书记、一个省长能解决的，更深的应该从国家层面好好地探讨这个问题。因此着眼于改革与完善我国农村土地制度的一系列措施在理论和实践上具有重要意义。❶ 党的十八届三中全会为新一轮土地制度改革和新型城镇化发展勾勒了基本方向。但是，对于新的土地改革目标应该如何解读和如何落实，如何将其与新型城镇化建设结合起来，如何在实现二者有机结合过程中实现我国土地制度再变革，都是迫切需要认真思考和解决的问题。

所谓城镇化，即对城乡进行的重大调整，新型城镇化应该与信息化、工业化以及农业现代化一起发展，同时应该涉及土地制度和户籍制度，以及教育、就业、医疗等民生体制。推进城镇化既要积极，又要稳妥，更要扎实。当前正在逐步

---

❶ 刘国新 . 中国特色城镇化制度变迁与制度创新研究 ［D］. 长春：东北师范大学，2009.

推进的新型城镇化进程正在为千千万万的中国农民走出农村进入城市、追求更美好的生活助力，也成为扩大内需的最大潜力。

第二节　研究方法

1. 逻辑与历史相统一的分析法

把新中国成立以来农村土地制度历史过程的考察与土地制度内部逻辑的分析有机地结合起来，从而客观、全面地揭示农村土地制度变迁的本质及规律。

2. 历史比较、国别比较分析方法

在对土地制度进行研究时，采用横向比较发达国家的土地制度政策和纵向比较新中国成立以来的农村土地制度变革。通过比较分析，对土地制度相关问题的分析更加深入和全面。

3. 规范分析与实证相结合的方法

用实证分析的方法对当前我国农村土地制度存在的问题以及农村土地制度改革的现实进行分析；用规范分析的方法探讨应如何通过农村土地产权制度来转变农地经营方式实现农业规模化、现代化经营。

4. 运用相关经济学理论及模型

探讨、分析、研究中国农村土地制度改革对中国社会发展的可行性和重要性。

第三节　理论创新与存在的不足

一、理论创新

（1）中国农地制度变迁无疑是制度经济学理论验证的试验场。制度既提供经济增长和源泉；也可能由于不能激励经济增长，而导致制度需求与供给的变迁。产权制度是决定经济效率的内生变量，不同的权利界定，会带来不同效率的资源配置。制度创新与制度变迁是联系在一起的，本书运用强制性制度变迁与诱致性制度变迁的说法解释中国农村土地制度变迁的史实，从制度经济学、政治经济学和博弈论角度分析和探讨中国城镇化进程中的农村土地制度改革，具有一定的理论创新性。

（2）城镇化和农业现代化已经成为我国社会经济发展的两大趋势，是"四化"的重要组成部分，城镇化是载体，农业现代化是基础。书中运用数量经济学模型和土地绩效评估等方法分析城镇化与农业现代化的关系，即当农业现代化发展到一定程度对城镇化的推动作用，也是明显的创新之处。

（3）在我国现行的与土地相关的法律制度中存在法与法之间的条款冲突，个别规章条款过时等问题，提高了土地交易成本，降低了土地资源配置效率。据此提出重新修订相关法律条款，也具有一定的创新意义。

（4）鉴于城市发展的一般规律，即当城市发展到一定程度后必然会发生"逆城市化"现象，城市居民会自主向农村或城郊转移，这就必然会产生城镇居民到农村购买宅基地的市场需求。以这一社会发展规律为论证依据，书中提出的农村宅基地可同时在城乡市场自由流动、允许城市居民到农村购买宅基地等政策主张，也具有重要开创价值。

（5）从法律上打破所有权限制，土地不再分为国家所有和集体所有，只按照土地性质划分，在不改变其性质与用途的前提下，赋予农民永久的土地使用权。这也是本书明显的创新点之一。

（6）放宽对资本下乡的规模限制，综合运用内生金融、土地信托、股份制、专业大户、龙头企业、家庭农场、股份合作社、专业合作社、农业企业等新型生产经营方式，引导农业向现代化、机械化、规模化、集约化经营。

二、本书存在的不足之处

由于本书是以城镇化为背景进行的农村土地制度改革研究，难免在论述中为照顾两头而弱化农村土地制度改革这条主线。

第四节 研究框架和逻辑结构

本书含绪论共七章内容。第一章是绪论，是对研究背景与意义，目标与方法，以及主要的研究内容和可能的创新点介绍。第二章是对本领域已有的研究文献进行梳理。

在文献的基础上，本书遵循了先国际、后国内的技术路线。

从第三章开始，本书进入了主题，主要介绍了农村土地制度变革的比较研究，介绍国内外在城镇化进程中顺应不同历史时期的现实需要，进行的一系列农地制度重大改革和创新，以及对现阶段农地制度变革的一般启示。

第四章是实证分析部分，主要说明农村土地制度与城镇化进程的内在联系，指出农村土地制度是影响我国城镇化进程的重要因素之一，历史上城镇化进程中几次质的飞跃都与农村土地制度的变迁密切相关。要推进城镇化发展，必须要进行农村土地制度改革。

第五章主要阐述了现行农村土地制度在各个方面存在的缺陷和弊端。

第六章指出我国农村土地制度改革的总体方向和思路，并提出合理有效的政策建议。

第七章是全书的结论。本章用比较简短的篇幅，提出了对全书的评论性意见。

第二章

文献综述

第一节　发达国家农村土地制度研究文献综述

一、西方学者对土地制度问题的研究

在资本主义初期蓬勃发展期间，资产阶级经济学家对土地私有制嗤之以鼻，主张把地租纳入国家手中，把土地变成资产阶级的国有财产，在理论上论证了资本主义土地私有制的不合理性和不公正性。在他们看来土地所有者是制约资本

主义发展的不利因素。英国的大卫·李嘉图就指出，资本家在资本主义发展过程中是主导力量，在资本主义体系内占据塔尖的位置，而土地所有者完全是不合群的。英国的亚当·斯密站在资本家的立场，想把土地私有直接变为国有，提出反对土地私有权存在的地租理论。

然而，上述观点的提出是在特定时间、特定背景下提出的，他们也不是绝对排斥土地私有，一旦资本家占有了土地，并且占有的土地规模日益扩大时，他们便不再排斥土地私有了，相反地，他们会极力地推崇土地私有。

目前欧美学术界关于经济制度的研究主要有两个大的领域，一是制度经济学，二是比较经济体制学。制度经济学的研究有两个分支，分别是旧制度经济学和新制度经济学，而前者以凡勃伦和康芒斯为代表，后者以诺思和科斯为代表，其中新制度经济学研究提出的制度变迁理论对于我国的土地制度有借鉴意义。

美国著名经济学家西奥多·舒尔茨在其代表作《改造传统农业》中展示了他对农村土地制度的许多研究成果，主要有以下三条：首先，要建立以经济刺激为主导的市场，通过经济要素激励农民改造传统农业，逐步转变为现代农业；其次，推行所有权和经营权相统一的家庭农场来提升传统农业的生产效率；最后，充分发挥地租在农业生产中的作用，因为在农业资源配置过程中，地租有着相当强的激励作用，不能限制地租的存在，相反，要充分发挥其作用。

马尔科姆·吉利斯、德怀特·H.帕金森等经济学家也认为土地所有制是影响农业生产率的一个重要因素。土地的所有人可以通过加大技术投入和勤劳努力使土地增产，而如果没有所有权，这一切都无从谈起。❶ 在集体所有土地制度下，个人的积极性受到极大限制，因为无论是勤劳还是懒惰，都会得到一模一样的结果。对于土地的产权问题，巴泽尔认为，它由土地用益权和让益权组成。❷

西奥多·舒尔茨、马尔科姆·吉利斯等制度经济学家关注的重心是制度对经济发展的普遍性意义，而速水、拉坦等经济学家则对制度本身进行更深层次的研究探讨。以速水、拉坦为代表的新制度经济学学派最主要的成果是确立了制度创新机制，在他们看来，技术进步造成的生产效率的提升是诱发技术创新的最重要因素。他们建立起了一个完备的创新模型，提出了种种诱发创新的机制，在这一模型中展示了资源、文化、技术跟制度的平衡性关系，而诱发机制则将农业发展和技术—制度创新的公共部门的行为有机地联系在一起。其中最值得关注的一点是，这一学派确立的制度创新机制体系不仅为诸多发展中国家的土地制度变迁提供了理论基础，也对我国土地制度的完善和变迁有启发性意义。

《农业中的制度与技术变革》一书是 A. J. 富纳和 K. A. 奥格尔森特所著，书中论述了多方面关于绿色革命的问题，对大多数国家政府的政策改革具有参考作用，在中国却鲜为人知。绿色革命是创新改革的成功典例，是当今人类智慧的结晶，它被普遍应用于许多发展中国家。对于自然物资较为缺少、财力资源较为贫乏的国家，实行绿色革命往往会带来良好的收益，且会极大促进社会生产力的发展。但绿色革命也存在很大弊端，会增大社会贫富差距，降低农民的生产劳

---

❶ 党国英. 保障农民权益要明晰土地财产权 [N]. 新京报，2004-5-24.

❷ 党国英. 我国农村土地制度改革的现状问题 [N]. 中国社会科学院院报，2005-5-31.

动利益，因此我们必须正确看待绿色革命弊大于利的现实性问题。

著名经济学家德·希·帕金斯和邹至庄对中国传统农业进行了深入研究，他们都十分赞赏传统农业制度，这一点在《中国农业的发展》和《中国经济》中均有提及。德·希·帕金斯和邹至庄分别通过探究中国传统农业政策改革和人民公社制，进一步对中国农业的发展作出评论。前者针对传统农业发展提出"保证佃农有权耕种指定地段的土地及其期限和作为缴纳地租根据的地租计算方法"的看法，就中国传统农业来看，租佃制度在农业发展过程中无实质性的改革，社会在此制度下，社会一直维持着小农经济的稳步运作，农业生产效率并没有受到租佃制度的严重影响。邹至庄发现人民公社制的重要弊端，即人民劳动积极性受到公社时期过时的劳动分工政策的影响，使农民劳动积极性不断降低，导致生产力不断下降，进而严重阻碍了这一时期传统农业的发展。农业市场和劳动效率对农业发展十分重要，只有开拓劳动市场，促进劳动积极性，提升劳动效率，土地资源才能得到有效利用，传统农业生产力才会进一步提高。

有人曾说："国家宪法、法律、制度规范、司法准则和传统生活中日常行为规范都属于产权制度。"使产权政策改变的动力就是新时代的市场问题和生产问题。产权制度由国家制定，受国家管理，由国家执行，但也受到外部因素的影响。社会生产力、劳动力随社会进步不断变化，导致现有的土地产权政策无法与发展中的土地产业模式相符合，从而导致政府不得不进行产权改革，以实现土地产权政策与土地产业模式的相互适应性。一旦土地产权政策过时，会导致政府对国家土地状况的宏观调控力下降，无法使传统农业按照预期发展。若政府积极了解土地发展现状，及时调整土地产业模式，农业生产将会拥有良好的发展前景。土地产权制度是一种土地管理制度，社会各阶层人们站在自己的利益角度，在保证个人利益的基础上，不断针对土地政策改革进行商讨，从而产生新的土地产权制度。

二、主要代表人物及其论著❶

欧洲学者针对当代土地制度的研究，出现在 20 世纪的前 20 年。其中，曾为美国经济学发展作出突出贡献，同时也是土地经济学的提出者的伊利（Ely），在同时期发布了自己的研究著作——《土地经济学原理》。该部经济学著作对理论界影响极大，发布后不久就在经济学中增设了相关研究领域。到了 20 世纪 40 年代中期，伊利的学生拉特克利夫（Ratcliffe）又发布了自己关于该领域的研究著作——《城市土地经济学》，其在书中用多种方法探究了城市土地政策的施行，最终成为该领域内的学术先驱。进入到 20 世纪 80 年代后，拉特克利的弟子也发布了一部关于城市经济学研究的书籍，值得关注的是，其对土地政策和住房政策的论述让学术界找到新的研究方向。而回到 20 世纪 50 年代后期，当时的美国土地资源研究方面的著名专家巴洛维发布了《土地资源经济学》一书，第一次将古典经济学与资源经济学放到一起来进行分析，并从不同角度来尝试解析土地政策中的经济学问题。

欧洲学者在专业的政策学理论书籍中，写入了大量关于

---

❶ 姜爱林. 西方学者对土地政策的研究述评［J］. 中国房地产金融·海外之窗，2000（4）.

土地政策的论述。20 世纪 60 年代中期，美国耶鲁大学出版社出版了著名学者希勃德的书籍——《公共土地政策史》；10 年之后，加州出版社又出版了经济学家巴赛尔的理论研究书籍——《19 世纪美国土地政策经济学》。这两部伟大书籍的推出，为此后的土地政策学研究建立了基础。20 世纪 80 年代初，闻名全球的苏联及东欧问题研究专家、土地政策专家德国人瓦德钦针对此前 10 年至 20 年间东欧各个国家的社会主义土地问题进行了细致的研究。而其所取得的理论研究成果，都写入了《欧洲共产主义土地政策》一书。该书的意义在于，是首部采用全面、系统型的分析方法来研究共产党执政下的土地政策著作。就在同时期，美国人那格尔也编写了一部名为《政策研究百科全书》的经济学研究著作，上面写入了温格特对"土地使用政策"的理解。此后的几年时间里，远隔大西洋的法国学者又提出全新的理论，他们是在吸取法国战后重建中，针对国家城市化发展所作出的错误判断与规划的经验后，由知名学者戈伊埃等人执笔，编写了《法国四十年的土地政策》一书。该书从政策推行所带来的市场影响来作为观察视角，详细分析了战后四十年来法国的土地政策变迁，目的就是让其他各国的研究人员能够详细地了解法国土地政策的变化与所带来的结果。联合国的相关机构官员威尔金森，在长达多年的考察第三世界国家的土地利用情况后，写出了《立法在发展中国家土地利用规划中的作用》的报告，其在报告中使用大量的篇幅来介绍乡村土地的使用政策，以及针对土地使用权及政府管理上的相关问题。

第二节　国内农村土地制度研究文献综述

如果单纯从研究的时间点上来分析，国内的农村土地制度研究具有典型的阶段性特征；从内容上来分析，则可发现农村土地制度施行后的各方面情况；从研究方式上来分析，存在将理论与实践情况相关联的学术性探讨，也有直接走入现场的调查研究内容；从研究的视角上来分析，具体包含经济学、法学、社会学等多个学科的综合性特点。所以，在研究这类问题时，既要对整体特征进行把握，又要将具体事项的内容写明，做起来需要克服一定的困难。当下的研究情况可以分为横向与纵向两个角度来阐述。其中，纵向角度是指农村土地制度的阶段性演进，而横向角度是指不同历史时间段内，对具体的研究情况存在认识上的不同。

从纵向视角来分析可以发现，自新中国成立后，国内农村土地制度的变化共分为三个历史阶段：①新中国成立的最初三年时间，在全国范围内宣布废除掉封建土地制度，罚没农村地主、农民私有、农户自营的土地；②20世纪50年代初到改革开放元年，将农民私有及家庭型经营模式变为集体所有、统一管理与经营；③改革开放后至今，土地集体所有、以家庭为单位来承包。

从横向角度分析，在第一阶段中，国内还很少有人从事这方面的研究工作，因此相关的学术著作也十分稀少，所能见到的多是社会性的综合调查及统计数据，还有在各地区、各阶层中所展开的大讨论。

　　而在第二阶段中，国内学术界的研究基本只涉及政策上是左还是右的问题，因为当中夹杂着太多的政治因素，所以取得的研究结果不多。直到改革开放以后，国内学者针对土地制度的研究才开始逐渐变多。且形式上可简要分为两大类别，一种是通过西方最新理论成果来分析、解释国内土地政策中的不确定性、有效性及经济性。比如在《制度、技术与中国农业发展》这本学术著作中，林毅夫就认为当时的农村土地制度变迁，是完全由政府利用政治施压的方式来驱动的，可以说存在一定的强制性。所以，他基于此提出关于新制度是一种缺乏绩效成果的制度形态。与此同时，还有不同的观点。在《制度变迁与中国农民经济行为》这本书中，郑风田将这段时期的土地制度变迁视为对国内农民经济理性需求的一种限制。在《中国农村的土地制度变迁》书中，张红宇则将该阶段的土地制度变革视为农民产权逐步走向消失的演变过程。别具一格的是，在《我国农村土地制度变迁与效率评价》一文中，常秀清、尉京红采用了应用制度的分析方式来对农村土地制度进行全面的绩效分析。孔径源的《中国农村土地制度：变迁过程的实证分析》、钱忠好的《中国农村土地制度历史变迁的经济学分析》等学术著作也皆从使用新制度学理论的角度来分析土地制度的诸多问题。还有学者从当时的国内农业生产的实际情况来进行制度分析，在具体分析过程中则是将重点放在政治性的影响及作用上。

　　在第三阶段中，学术界对农村土地的研究进入到火箭般的上升时期，参与研究的学者人数大幅增加，使得研究视角得到延伸，相应的内容不断加深，方法上则更是推陈出新。在这一时期内，相关的理论研究与实践做到了较好的结合，且实证研究也与学术探讨做到密切关联，并朝深入化、多元化的结构发展。中央财经领导小组办公室副主任、中央农村工作领导小组办公室主任陈锡文在《中国经济转轨二十年：中国农村的经济改革》中指出：现有土地制度已经不适应当前的形势，应该加快土地制度改革，否则平衡不了诸多矛盾。改革不是进行土地兼并，而是在规模经营的基础上，使农民转化为市民。周其仁认为，政府使用公权力来从事低价收地，并倒手以高价再卖给开发商，这是对农民利益的严重侵害。长此以往，容易积累城乡之间的矛盾，造成开发商集团与农民阶层关系紧张。对此，周其仁在数年前就呼吁政府，"改变以往土地制度的时机完全成熟"。党的十八届三中全会召开之前，周其仁认为，"农村土地制度改革是一江春水向东流，谁也阻挡不住的"，建议采用以阶段的方式来完成土地改革，在最近的一段时间推行集体建筑用地使用权转让试点，并构建体系化的产权记录制度；在中期的发展阶段，则要尝试对以往的土地税收制度及政府发债融资的方式动刀；对于长期的市场发展，相信在土地实现大量的流转之后，要及时促使公共利益土地征收和土地上市交易合法化发展，进而构建城乡互为补充之土地体制。刘迎秋在《中国经济升级版的内涵和打造路径》中指出：要构建产权清楚、所属明确、流转方便、保护好农村的集体产权制度，大力展开农村土地的权限确定及颁证工作，以加速实现土地制度改革。同时，他还要对征地行为进行约束，确保合法、有序。做好农村土地改革的阶段性任务，探索现代化农业及城镇化的发展道路，这些都对创建国内经济转型具有重要的意义。学者张五常在其著作《佃农理论》中多次强调产权对于经济发展的促进作用，并主张利用交易费用来监管产权的运作。同时，还提出要认清产权的界限，如果采用行政手段干预产权定制，抑或在法律层面上否认产权，均会造成资源的浪费以及效率损失。还有学者认为，在土地制度的改革中，要充分认识到市场这双无形之手的重要性，而政府的职责就是帮助市场更快地建立相应的模式，并在此过程中有高效的行政手段来剪除路上的荆棘。杨风信在《创新土地流转模式》中总结了在实践中主要出现了社会带动型、龙头企业带动型、特色农业带动型、合作社带动型、创意农业带动型五种土地流转模式。史清华在《农户经济可持续发展研究》中认为，导致农村土地转让速度加快的根本原因是土地要素在经济中大的利用比率持续下降。此前，就有学者在文章中指出，政府因为在法律制度建设上的不完备，且法律制度存在自相矛盾、片面、笼统、缺乏灵活度的问题，间接使得土地产权转让出现迷惘的情形。由此所引发的不只是土地成本的上升，还严重阻碍土地效益的高效实现。贺雪峰在《改革语境下的农业、农村与农民》中认为，改革开放之后，农村成为国内现代化发展的重要动力引擎与油箱，而城乡的二元结构消除了城市中的二元结构矛盾。至此，国内所特有的小农经济模式成为稳定农村的重要基础保障。预计在此后的 20～30 年里，国内农业在总生产比重中的地位将会进一步降低。但需要注意的是，同期的农村人口总数依旧庞大。而农村的社会结构是否稳定，直接关乎国家的未来发展形势。所以，在接下来的 30 年里，小农经济模式、国内制造业、产业升级将会组成"三驾马车"，有力地带动国家奔向现代化的发展目标。由下往上来分析，这也是解决国内经济陷入中等收入陷阱的有力工具。当下所实行的农村基本承包制度是过去 30 年保障社会稳定的重要力量，而在接下来的 30 年里，其还将承担更加重要的历史重任。贺雪峰在《地权的逻辑》中认为，"给农民更大的土地使用权限，可能损害农民的经济利益。"❶这句话是较为知名的怪论，因为从现实情况来分析，其完全与国家数十年来的土地制度发展相违背。所以说任何规避土地问题的涉农改革方案都是耍流氓。

除上面这些较为著名的学者及其著作外，国内还有很多学者从事土地制度的研究，并提出了自己的观点，极大地丰富了国内的理论研究。如《制度理论与中国现代农地制度》的作者刘守英，其对国内的农地合约结构和产权残缺进行了深入的研究；《中国经济生活中的非正式制度安排及其影响》的作者孔泾源则对制度上的差异进行了细致的探究；《人民公社的产权制度》的作者陈剑波则从以往的人民公社的失败中吸取经验。此外，还有包括温铁军、王成德、黄季焜等众多行业专家围绕在农业生产及制度上的研究。这些多角度、较为深入的理论研究组合在一起，展现了国内学者对国内土地制度改革的关心，从大的方向上讲，也为整体的制度构建贡献了智慧。

---

❶ 贺雪峰. 改革语境下的农业、农村与农民［J］. 学术前沿，2014（43）.

第三章

国内外农村土地制度变革比较研究

第一节　欧美日等发达国家和地区
农村土地制度的变迁

一、美国农村土地制度变迁

（一）农村土地产权制度的演变

在农村土地制度上，美国从最初的公有制逐渐转化为当前的私有制。美洲大陆直至被哥伦布发现之前，都一直处于原始社会，在原始公社公有的广袤土地上，只有印第安人在居住生活。然而这种平静安逸的生活在 1492 年被打破，著名的意大利航海家哥伦布率领一支航队，踏上了美丽富饶的美洲大陆，从此招来了大批殖民者贪婪的目光，包括英国、法国、西班牙及荷兰众多国家，争先恐后地来到这片土地，划分出各自的土地区域，并将这些瓜分的土地在一定条件的基础上授权给公司或个人。随后的很长一段时间里，英国越发强势，最终在北美取得了霸主地位。17 世纪的英国设立了 13 处殖民地，殖民区域即是从大西洋沿岸直至阿巴拉契亚山，这也是美国独立时 13 个州的由来。

英国殖民地的土地所有制制度大体上分为三类，这是以殖民地情况以及自然条件的差异性进行划分的。在北部地区，土地归业主组织的集团所有，之后集团再划分给每户居民 30 英亩的土地，即私田。而北部地区的森林、荒地以及牧场等土地类型都属于公共资源，所以被称为公地。北部地区的大地产所有制虽然也有存在，相比之下耕农性质的小土地所有制存在还是相对广泛的。中部地区并存着小土地和大地产两种形式的土地所有制度。一方面是原本属于荷兰人的大地产土地类型，在英国殖民后英国国王又将这些土地赠与贵族地主作为赏赐，于是有的地主分租给了自由移民收取租金，而有的地主则在这些土地上建立起了奢华的大庄园，并奴役着黑奴或是契约奴。另一方面是未被占用的土地为移民提供了良好的发展，同时促进了小农经济。而在南部地区的主体经济制度，则是建立在富商或是贵族掌控下的奴隶制种植园的充分发展之上，这也是南部经济的主要依托。

美国独立战争的胜利彻底打破了原本的封建殖民统治，也使美国迈进了资本主义的大门。独立战争过程中以及战争结束后，亲英派贵族的领地被美国政府全部收回，其中有些土地直接成为农民财产，有些土地则到了商人手中。于是封建的土地所有制转换为个体的农民私有制。

美国 1783 年独立之后，竭力扩充其西部版图，肆意掠夺土地，随后将其出售给移民进行种植开垦。美国在 1785 年颁布了第一条土地法令。美国在 1841 年颁布的垦地权条例中，对自行占地垦地的农民在购买土地上享有优先权，此后西部地区涌现了数目庞大且占地面积较广的私人农场。1862 年，美国政府为了激励群众参与到南北战争中，对抗奴隶制，颁布并实施了宅地法，这项法律中明文规定，对于未持械反抗合众国的美国公民，仅需缴纳 10 美分的登记费，就能申请到 160 英亩的西部地区公有土地资源，并且在持续耕种超过 5 年后，这块土地的所有权也将归其所有，不再向其收取任何费用。这项规定很大程度上促进了南北战争的胜利，彻底瓦解了原本在南部地区的奴隶制种植园经济。南北战争后的南部土地分成两部分：一部分仍属于种植园所有，原雇主将这些土地或直接出售给农民，或是以转让形式交由雇工进行经营，甚至有部分雇主将土地出售或是直接分给黑人；另一部分则划入资产阶级名下。1877 年，美国政府又出台了木材种植法令，法令中指出，凡是获得宅基地安家的人在此基础上可以额外申请 160 英亩土地，4 年内种植树木的面积达到该土地总面积的 1/4，那么他将获得土地的所有权。

(二) 现代农村土地产权制度

美国国土面积 937.26 万平方公里，其中私人所有的土地占 58%，主要分布在东部；联邦政府所有的土地占 32%，主要分布在西部；州及地方政府所有的土地占 10%。土地以私有制为主，国有土地只占其中一小部分。美国法律保护私有土地所有权不受侵犯，各种所有制形式之间的土地可以自由买卖和出租，价格由市场供求关系决定。联邦政府所有土地主要包括联邦政府机关及派驻各州、县、市机构的土地和军事用地等。州、县、市政府也各自拥有自己的土地。联邦、州、县、市在土地的所有权、使用权和受益权上各自独立，不存在任意占用或平调，确实需要时要依法通过买卖、租赁等有偿方式取得。在联邦政府拥有的 308.4 万平方公里的土地中，也存在多元化的所有形式，国家土地管理局控制 60%，国家森林局控制 24%，国防部、垦荒局、国家公园局、水电资源局等部门控制 16%。❶

　　欧洲移民为美国引进了土地私有制，世界上最自由的土地制度就在美国。在美国，土地所有权可以划分为地下权、地面权和地上空间权，三部分权益是以独立形式存在的，可以分别进行转让。❷ 政府不能任意征用与拆迁属于私人所有的土地。土地所有人在愿意的情况下政府应当以适度的开发权作为交换，这时政府才有权在私有土地上修建道路，基础设施的建设如道路及学校是由政府负责的，开发商负责的部分仅仅为修建宅基地所需要的资金，减少了得到私有土地的开发权所需要的成本，其余的资金便可以投入到土地的开发中去，不仅增加了土地的供应量，而且减少了土地的成本。

　　征地问题上，各个国家的行政赔偿制度都有所不同，这也是由于各个国家的实际情况都有所不同，在征地的赔偿上

---

❶　[EB/OL].　[2014-12-12]. http://www.360doc.com/content/12/0208/11/8525738_ 184996649.shtml.

❷　美国的土地产权制度［EB/OL］. 华声在线，2011-1-18.

应秉持"公平""公正""适当""合理"等原则。以美国来说，征用土地时以当时市场上的公平价值作为标准进行补偿，这其中既有土地征用时的使用价值，还包括最佳使用价值，也就是其具备的开发潜力形成的"开发价值"。该制度从人性化的角度出发，将美国政府保护私有财产权益的特征表现得淋漓尽致。

在美国主要有两种征地形式，警察权（police power）和有偿征地（eminentdomain or condemnation）。前一种是基于给公众提供更佳保障，创造福利，维持其健康和伦理，而争取私人土地的方法，主要有划区、健康建筑、易地请求、分割土地等。由于本方法属于国家强制、无偿征用土地，故有法律严控，仅在极其有限情况下才被使用。后一种就是政府根据法律要求，提供一定土地补偿将私人土地征做公用的方式。下文将以后一种形式为主要讨论对象。美国宪法中就此制定了三条法律性限制：①程序合法；②补偿公平；③土地被征后公用。在有偿征用中，同样有相当严格的步骤需要遵守。

美国法律规定，征地必须按照下述步骤进行：①先期通告。②政府评估欲征地价值。③向土地所有人提出征地要求并出具评估书面结果报告，允许土地所有人提出其他要求即反要约。④公开举办征地项目听证会，主要解释征地的原因，证明本行为合法、必要；倘若所有人对此项目存有质疑，可通过诉讼使得政府放弃土地。⑤倘若双方就补偿金额不能达成一致，政府通常会将案件移交给法院。同时为能尽快获得土地，并尽快交付公众使用，允许政府向法庭缴纳一定定金为条件，提前使用土地。定金通常由法庭根据法律确定，除非土地拥有者有充分证据表明，法庭核定的定金金额太少。

⑥双方各自聘请资产评估师并在法院庭审时当场交换双方报告。⑦在此就补偿金数额展开协商。⑧倘若仍无法达成协议，补偿数额将由陪审团（均为普通公民）核定。⑨政府应该于判决生效日起 30 日内缴清补偿款并正式征用土地。

由于美国地产市场起步早，现已十分成熟，制度已相当完善，几乎全国全部土地都适用于有偿征地法律；只要政策允许，国民能够自由交易、租赁土地，或将其抵押。政府登记国内全部土地，并就土地进行必要规划，以便引导私用土地交易，但不干涉具体交易。美国土地交易十分简易，只需要保证平等、甘愿订立协议，按法律要求向政府足额缴纳税金，完成登记即可。具体交易价格，完全根据市场行情，由双方协商订立，部分交易会通过专业的土地评估第三方与双方充分沟通后达成。

二、英国农村土地制度变迁❶

英国土地制度的变迁经历了初级阶段、转折阶段、兴盛阶段、稳定阶段四个阶段，其内在规律性表现在身份关系的确立引起了土地制度的根本性变革，等级所有制主导了土地关系的发展，土地商品化引导土地制度向纵深发展，土地所有权的状况彰显了土地制度的发展方向。英国土地制度变迁对我国土地制度的完善具有积极的启示作用。

与大陆法系相较，英国法律的立法模式基于既往经验，换言之，其土地法的构建和实施并不基于理论，而是根据过

---

❶ 王晓颖. 英国土地制度变迁史对我国的启示［J］. 经济体制改革，2013（1）.

去的经验逐步修正、积累形成。❶ 多位专家均据此问题展开深入探究，以其制度修正变化历程为主要研究对象，结合当时环境，逐步解释其中思想和原因，吸取经验。

（一）英国土地制度发展的初级阶段

英国土地制度大约形成于 11 世纪。中世纪时，英国尚无土地权利的规定。学者科里认为，所谓"土地所有权"就法律而言，是不存在的，因为土地是国王的，个人拥有的并非土地本身，而是获得由其而生的财产，故此，对个人拥有土地的本质在于拥有财产权。到诺曼征服期时，英国又产生了"国王"只能拥有公共财产，不能有私人财产的思想。总体而言，英国土地相关法律的特点与其国家权力和构建特点息息相关。直到 12 世纪，英国的主要管理被教皇把持，这一点与欧洲别国并无二致。但由于彼时英国还在不断整合，其属地内原有的法律，例如威塞克斯人、麦喜亚人以及丹麦的法律还在各地沿用，至高的王权并未建立起来，国家法令须经主教或其他贵族先同意之后，再由国王颁发，尚未设立专门的司法组织。12 世纪之前近百年间，国王仅设立了十数项法律。就当时的社会和经济实况来讲，早期英国于土地有关的法律，内容极少，完全不成体系。

（二）英国土地制度发展的转折阶段

12~16 世纪，英国土地法律、制度急剧发展，主要是从"国有"到"私有"的权利变化，并与之相伴而生了"流转"问题。

---

❶ 英国是典型的土地私有制国家，虽然从法学理论上讲，英国所有土地都属国家所有，但实际上英国 90% 的土地为私人所有，土地所有者对土地享有永久业权。

1. 从"国有"到"私有"

自 11 世纪起差不多近 600 年间，英国土地从"国（王）有"逐步转变成"私有"，其国王制度从最早威廉征服英国建立王权地位起，到诺曼底侵入夺取王权，构建起完整的封建体制，都一直奉行诺曼法，将土地牢牢控制在国王手中。威廉国王在此基础上，建立了部分土地由个人私有，其余土地以骑士资格分封制度，并限制对分封土地的使用权利。

14~15 世纪，"圈地运动"在英国发展起来，❶ 彻底改变了使用土地的方法。被圈围起来的农场似乎更适用于农业改进，产出效率和效益明显提升，这一点南密德兰区域内表现得尤为突出。而且，这一运动还明显提高了地租，实现了农场主与原地主之间权益的重新配置。学者们通常以为，被显著提升的地租在很大程度上体现了农业产出效率的提高。不过罗伯特·奥兰则对此有相反的意见。但无论如何，自"国有"到"私有"化的土地，实现了生产关系的解放，进而促进了生产力和生产效率的提升。

2. 土地私有权的实现

英国土地分封制度的消失，是各方面力量和原因造成的，其中最突出原因有王权变迁、社会、经济巨变、圈地运动、教会资产和王室土地的流转等。早期，尽管大量土地被分封给贵族，但是究其权利的本质，他们拥有的并非土地，而是部分使用权利，土地在法律上仍归国王所有。这一点在威廉

---

❶　英国新兴的资产阶级和新贵族通过暴力把农民从土地上赶走，强占农民份地及公有地，剥夺农民的土地使用权和所有权，限制或取消原有的共同耕地权和畜牧权，把强占的土地圈占起来，变成私有的大牧场、大农场。

推行分封制，并立法限制土地收益和处分权利时就已经确立。从时代变迁上，在英国爆发资产阶级革命之前，土地一直被国王控制。亨利八世掌权期间，颁布了一系列与土地有关的法律，一方面是大量宗族教会土地，另一方面是变相限制配置土地的各种权利，土地被封建王朝把控，极大地促进了所有权与使用权的统一。❶ 直到 17 世纪中期，骑士土地分封制度、保护国王土地权利的监护法庭、涉及土地收益的领有制度被先后废除，国王的土地权利被彻底褫夺，新的法律赋予了新贵族及资产阶级土地财产的权利，至此土地制度在该国发生了彻底变革。❷

3. 流转权利

英国关于土地买赎的规定深刻影响着该国的农业变革，同时为封建农业过渡到资本主义农业提供了有益的制度设计借鉴。此外，与之呼应的所有权的改变为后续进一步构建流转制度打下基础，在该国历史上亦有重大意义。上述变革的根基在于土地私有，途径是法律对流转的认可和保护。随着土地政治性的削弱，王权不再能把控土地，在此基础上构建起来的物质经济基础摇摇欲坠，王权亦随之削弱。与之相对的议会则蒸蒸日上，日渐巩固，为后期君主立宪制度的构建提前扫清障碍。数十年之后，议会通过革命控制了国家，颁布强制法律调整土地权利，到 19 世纪即彻底结束了公有特征的敞田制，土地权利被完全私有化，深刻影响了土地流转，

---

❶ 例如，有条例规定："根据英国的普通法，土地不得根据遗嘱转让，不应违反有关正式取得领有权的庄严法令将土地转手让与别人"。

❷ 当然，废除英王土地所有权和实现土地私有权等土地所有权的变革发生在革命过程中，但并不是完全采用革命的方式，因为在此过程中，资产阶级和土地贵族以补偿金等方式从国王那里进行了土地的赎买，并非完全用革命的手段剥夺了英王的土地所有权。

为资本化的农业生产提供条件。自此，土地权利回归其经济特性，与经济无关的政治、人身关系彻底消除，极大地解决了生产热情，促进了资本积累。❶

（三）英国土地制度发展的兴盛阶段

17~19 世纪是英国土地制度发展的一个重要阶段，在这个阶段英国的土地制度达到了鼎盛状态，其中有三个方面最为显著，也是这三个方面引导了英国土地制度的发展。

1. 废除敞田制与确立土地私有产权的强制性制度变迁

英格兰和威尔士是英国土地发展的两个代表城市，在 17 世纪后期到 1870 年间，所有者占有的土地可用于耕地的范围在逐渐减少，从 33% 减少到 10%~12%。二元制结构出现在 19 世纪后期，二元制结构主要表现在英国的土地拥有者在耕地的同时向外租用农场。农业土地租佃制在英国主要发生在 19 世纪末以及 20 世纪初，主要发生于英格兰、苏格兰和威尔士。在英格兰、苏格兰和威尔士的农场主要是租佃农场。英国的土地制度受到了原先一些公有性制度的影响，发展中表现得并不平衡，这些公有制的土地制度（敞田制、骑士领有制和公簿持有制等）制约了英国土地制度的发展。从另一个方面来说，英国土地制度的变革是由于当时英国土地制度的不完整性和产权不明确造成的，其主要原因还是土地私有

---

❶ 1485~1603 年的都铎王朝时期是典型的代表时期，此时庄园体制已经解体，农民对土地占有的条件及稳定性有所变化，即地主阶级的最终经济目的是获取地租，而农民获得土地占有权的法律依据是庄园法庭的公簿副本。该时期的土地占有状况的变迁对当时英国农村经济社会发展产生了长远的影响，具体体现如下：农民对土地的占有权被削弱；土地占有者成分发生变动；土地占有数结构发生转变。这为大规模的经营方式的产生提供了基础性条件，对英国农村经济由中古自然农本的小生产向近代商品化大生产的发展产生了巨大推动作用。

带来的利益太少，人们不满足现状。

2. 土地私有权在英国的法律确认

土地制度的私有权在土地转让的促进下前进了一大步，立法改革中也出现了土地转让这一内容。在这之前就有很多事例提出注册法律案件，比如萨金特·翁斯洛和萨缪尔·罗米利爵士在 1815～1816 年就进行了尝试，但结果并不乐观。注册法案也受到了不动产委员会的支持，不动产委员会曾提出：依靠土地注册的制度可以保护土地的所有权，公民通过法律案件保护自己的私有土地，若出现土地买卖或者转让时，也应该通过相应的法律案件进行确认，这是一项持久的土地制度的法律保护。1920 年左右，有一个比较综合的法律模式被提出。詹姆斯·汉弗莱斯批评了英国原有的土地不动产法，也提出了一些超前的想法。詹姆斯·汉弗莱斯的法案给予了英国土地所有者更多的权利，也更好地保护了他们的土地。英国依据不动产委员会的报告提出了六项法令，分别是 1833 年颁布的继承法令；1833 年颁布的有关土地租赁的法令；1833 年颁布的关于物品所有权投诉的法令；1833 年颁布的关于遗孀继承的法令；1837 年颁布的遗嘱法令和 1848 年颁布的物品所有权法令。这些资本主义的土地法令强调了土地产权的绝对性，是英国土地产权的绝对财产权的关键点。1950 年起，土地的管理权也得到了法令的保护，佃户的土地管理权得到了维护。其中终生佃户的改造土地的权利在 1864 年颁布的土地改进法中得到了维护。在 1856 年和 1857 年，又通过法令对终生佃户的土地割让出售出租权作出了制约。1877 年的法令中明确指出，佃户在租种土地方面的法律许可租种领为 21 年，终生佃户的权利受财产授予人的控制。1882 年颁布的法令中更是给予了终生佃户更多更大的权利，佃户使用权利不在法律的管辖范围内。在私有制基础之上发展起来的英国土地产权制度，主要是由土地所有权和土地保有权构成的。英国对土地私有权等作出了明确的规定，其土地私有制是在英国文化和市场的影响下形成的，土地私有制是英国政府管理土地的主要依据。

（四）英国土地制度发展稳定阶段

进入 20 世纪以后，英国资本主义迅速发展，土地使用和所有权归属问题也发生了很大改变，具体表现为土地个人化经营趋势明显，租佃式土地经营模式越来越少，并且土地规模化程度不断加强。自此，英国土地制度进入稳定发展阶段。

1. 自营农场的大规模发展及租佃土地模式的衰落

进入 20 世纪以后，随着社会的重大变革，英国土地经营模式也发生了巨大的变化，主要表现在租佃式土地管理模式已经不能适应社会发展需求，规模不断缩小，并逐渐被自营农场的土地管理模式所替代。历史证明，这种土地经营模式的兴衰交替是社会发展的必然趋势，一种新兴事物的崛起必将预示着一种传统事物的毁灭，而恰好这些更替才推动了人类文明和经济文化的不断发展。从土地管理模式更替情况分析，这两种土地经营模式都直接反映出当时社会的基本发展形势，租佃农场经营模式强调土地属于少部分人所有，但却可以多数人使用，这两类人是地主和佃户的关系，而自营农场则恰好相反，其使用人就是土地所有人，通过对比可以发现，自营农场经营模式可以大大提高农民生产积极性，与当时资本主义的迅速发展目标相一致，所以成为土地的主流经营模式。具体来说，自营农场迅速发展的主要原因包括两个方面：第一，英国政府为了稳定社会形势，防止出现国内混乱，往往会限制农场主的权利，这无疑在很大程度上打击了租佃农场的发展势头，为自营农场的迅速发展提供了条件。第二，资本主义发展趋势使土地价值下滑、政府赋税提高，很多农场主不能获得充足的利益，假如出现经营不善、干旱洪涝等情况，还会入不敷出，出现亏损，因此很多农场主放弃租佃运营模式。❶ 所以，虽然租佃农场运营模式可以便于政府对于土地的管理，为英国政府谋得长久稳定的利益，符合英国近代农业基本情况，但却不能适应社会的发展需求，与资本主义市场经营理念相悖，所以注定被替代。

2. 土地出现规模化集中现象

20世纪英国土地关系最明显的特征就是土地集中化程度较强，土地兼并现象不断发生，造成这种土地现状的主要原因是：首先，从政府角度分析，英国政府的一系列土地管理制度都倾向于农场兼并发展，比如给予农业基本补贴，鼓励农业竞争等相关制度，这无形之间推动了英国土地规模化发展趋势。其次，从市场角度分析，20世纪英国市场的发展状况刺激了土地的集中化发展。除此之外，土地规模化集中现象还受到地理环境、气温变化、农业生产以及市场需求等多种情况的影响。综上，20世纪英国土地集中化趋势的加强在很大程度上是由英国国家垄断资本主义系统干预经济生活，尤其是调整生产关系结构的必然结果，这对后来英国土地制度的变迁走向产生了实质影响。

---

❶ 解玉军.20世纪英国土地关系的主要变化 [J]. 广西社会科学，2005（4）：115.

三、日本农村土地制度变迁❶

在现代化进程中，日本成为世界上土地利用最为合理的国家之一。日本不仅能很好地保护农地，还可以有效地使用耕地。从历史上看，日本经历了多次重大社会改革，其中土地制度的变化是社会改革的重要内容。自"二战"结束之后，日本本土经济发展陷入瘫痪，农业产值也近趋于零。盟军总司令部在日本大力推行农地改革，日本也借此机会陆续出台了《土地改良法》《农地法》等一系列法律，规范和指导了日本的土地生产情况。事实证明，日本出台的一系列土地制度全面推动了日本农业经济的快速发展，明确了日本农业生产的发展方向。

(一) 当代日本农村基本土地制度

1. 以保护耕作者利益为根本目标

(1) 第一次农地改革。

"二战"结束之后，日本民众迅速投入国家建设，紧紧抓住历史机遇进行土地改革。1945 年，日本政府制定了《农地制度改革纲要》，但并没有在全国实施。到 12 月，盟军总司令部对日本政府下达了《关于农地改革的备忘录》，要求日本务必在 1946 年 3 月 15 日之前提出较为完善的农地改革规划，并作出如下要求：第一，因特殊原因不能经营土地的地主依法转让土地所有权；第二，佃农可以结合实际，以合理的购价获得土地所有权；第三，佃农用与土地正常利润收

---

❶ 汪先平. 当代日本农村土地制度变迁及其启示 [J]. 中国农村经济，2008 (10).

入相适应的年赋购买土地；第四，政府保护获得土地所有权的佃农身份。自此以后，日本的土地改革法迅速在全国推行，第一次土地改革正式开始。

"二战"后日本在第一次农地改革中颁布的《改订农地调整法》中明确规定：①在乡地主（居住于相邻村的地主）的土地所有面积为 5 町步（北海道为 12 町步），其余土地全部由政府购买，并有偿分给农民。②涉及土地的买卖行为和转让行为都必须经过农会批准。③用货币支付地租。④各个行政区及市町村都成立专门的农地委员会，委员民主选举。后考虑实际将"用货币支付地租"改为"在双方协调下可以等价值的实物交换"，将改革的土地面积由又 60% 减少到 30%，一定程度上保留了封建土地制度残余。由于这项改革利益分布不均衡，日本国内甚至美国占军也持反对意见，所以改革并未进行。

（2）第二次土地改革。

鉴于第一次改革并未在全国实施，日本及战胜国代表不得不继续研究日本土地改革方案。1946 年 9 月，日本结合自身发展实际，充分考虑英联邦土地改革相关建议，制定了《自耕农创设特别措施法》和《农地调整法改正法律案》，这标志着日本第二次土地改革正式启动。第二次土地改革具有以下几个特点：①地主的土地所有权减小至 1 町步，规定土地改革总面积应占到全部面积的 4/5。②政府才有权批准土地买卖，土地拥有人没有自行买卖土地的权利。③保有土地单位由家族同代多人变成个体。④规限土地最大租金，如规定水田最高租金是当年产值的 1/5，旱田最高租金是当年产值的为 1/10；佃农可以建议减少地租。由此可见，第二次土地改革较为合理，最大化消除了封建土地残余，保护佃农基本利益，具有很强的实用性。

第二次土地改革实施后，日本的土地形势发生了巨大变化，最为明显的是自耕地和佃耕地比例发生调转，据数据显示，1945 年日本自耕地占 54%，佃耕地占 46%，而仅仅过了5 年，该比例就变成了 90% 和 10%。从自耕农与佃耕农数量上来看，1945 年的自耕农户数为 172.9 万户，到 1950 年达到了 382.2 万户，增长比例明显。恰好相反，佃农户数占总人数比例由 28% 减少到 5%。这次的土地改革，很大程度上增加了自耕地和自耕农数量，这说明日本土地逐步掌握在农民手中，土地管理模式的自耕形态初步呈现。

2. 围绕农地管理管制为中心进行制度确立

农地改革有效地解决了战后日本的农业瘫痪现状，具有很强的指导意义。日本政府为了有效保护农地改革胜利果实，进一步规划农业发展方向，于 1952 年出台了《农地法》，明确规定了日本农地的管制措施和办法，强调政府应该保护耕种者基本利益不受侵害，使得日本农地可以得到有序管理，充分激发农民生产积极性，促进农村生产力的不断进步。《农地法》对此作了详细规定：①明确具有实用性的土地权限流转体制。要求日本土地所有权管理必须从严从细，政府相关部门全权负责农地转让、交易和重新设置问题，明确惩处机制。简单来说，土地所有者不得擅自买卖土地或转让土地，一切涉及农地权利转移的问题必须请示当地农业委员会批准方可进行，对违反制度规定的农地操作行为，相关人员应该追究其法律责任。②强化土地用途管理。法律规定："对土地除耕作以外的使用获得农地所有权、租赁权时，必须获得相关农地管理部门审核批准，对违反者进行责任追究。"③严格农业用地的管理，杜绝出现非法将农业用地其他用途化，土地用途转移需经过各层部门核实批准。④佃耕地所有限制。土地所有人在异乡或者拥有规模大于法定规模的时候，当地行政部门有权实施强制征地，并将征地以一定价格分给其他村民，对满足规限要求的佃耕地，应该由官方出面实施征收以及交易。⑤优化土地租赁制度。法例清晰列明佃租定额货币上缴制度、减额请求权利和租佃合同细则等状况。⑥进一步优化未开垦管理。法律要求，对农户的未开垦地应该由政府完成征收工作。所以，日本政府的《农地法》涵盖了农地所有制、农地利用和交易等各个领域，明确了对农地转移管制、转用管制、佃耕地管制等内容的处理，不断优化土地管理机制，为日本政府的土地化管理进程提供支持。

《农地法》直接构成了日本农地制度的核心。该法自出台以来，先后进行了六次修订，其功能不断完善，涉及范围不断扩大。1962 年《农地法》完成了首次修订，在原有基础上增加了"农业生产法人"和"农地信托事业"两项内容，以更好地适应社会发展要求。此次调整进一步完善了《农业基本法》相关规定，为《农协法》的制定提供了理论基础，优化了日本农地基本管理制度。但《农地法》里"管控"以及《农业基本法》里"自行运营""架构条例的大致方略"（1967 年）、《关于农业振兴地域法律》（1968 年）和《农业人养老金基金法》（1970 年）存在内容上的不协调情况，还需要进行调整和优化。因此，日本于 20 世纪 70 年代再一次调整《农地法》相关内容，调整依旧履行"管控"原则，按照真实状况设立松绑措施，以利于农田革新，新增加的"农田运营代理制"是进一步保障农地权利转换的主要举措之一。到了 20 世纪 80 年代，日本对《农地法》进行第三次修订，明确规定了"佃租定额货币缴纳制"可以采用"免予适用管制"；进一步明确了土地所有者的基本权利，强调任何土地买卖、交易行为都必须通过相关部门的批准。20 世纪 90 年代初期，日本对《农地法》进行第四次修订，紧随其后的就是《农业经营基础强化促进法》的修订。《农地法》本次修改的主要内容是优化产业结构，进一步放宽对农业法人基本条件的要求。日本在 1998 年对《农地法》进行了第五次修订，本次修订目的是全面优化农业用地他用基本流程，避免出现农地非法转用。这次修订对日本农地建设起到一定的指导意义，为次年《地方分权一揽子整理法》作学术基底。2000 年，日本对《农地法》进行第六次修订，此次修订优化了农业法人制度相关规定，对日本的土地交易、买卖以及用途进行有效管制，并申明了所管理土地的可操作范围。但是，本次法案调整抛却了以保存财产、投机取巧为原因的农地权利流转，与此同时亦脱离了不进行农活的个体和集体权利的流转。

3. 以农地开发为目标的法律制度

目前日本农地制度建设最重要的内容就是土地改良，它有效结合日本基本形势，重点意义在于可以完备全国上下农业水利工程以及土地开垦，保障农业获得提速。1890 年，日本政府颁布《水利合作社条例》；1899 年出台《耕地整理法》；1902 年颁布《北海道土功合作社法》。截至"二战"之前，这些法律制度都规范了日本土地经营模式，促进了日本土地优化发展。"二战"之后，日本行政部门参考多种土地制度出台《土地改良法》。

《土地改良法》涵盖：①明确限定日本民众投身土地改良必须条件。《土地改良法》列明，日本公民欲要加入，就一定要作资格请求，得到超过 2/3 投票认可方可获得"入场券"。②按照事实保持细化土地改良基础类别。具体而言，涵盖土地配备、运营管控、更新水利排污设备等常用基础设施的管理和修缮，建设农道，整理土地，开垦荒山，兴建水利，抗旱抗洪的农地或设施，完成土地的买卖、交换，明确土地所有者权利，执行其余为改良项目准备的前提任务。③进一步明确土地改良的兴建单位。除了各地区、各生产基地的改良外，还包括国家或都道府县通过各种方式进行土地改良以及根据实际情况进行的其他改良等。日本的《土地改良法》已经先后完成了 11 次修改，修改内容主要涉及增设土地改良方案、完善改良程序等。截至 2015 年 10 月，这项法律的修订次数在日本农地相关法律中是最多的，见证了日本土地改良的历程。

除《土地改良法》规定的土地改良基本情况外，一些特殊法人团体也进行了这项工作，比如"水利资源开发公团"。"公团"形式的土地改良具有以下特点：第一，"公团"资金有保障，可以援助和扶持土地改良工程；第二，"公团"运作速度和质量均较为理想，能够把几项土地改良以及基础设备兴建等其他工作有效结合在一起，极大地节省了成本支出。鉴于这种情况，"公团"的土地改良效果较为明显，某种意义上说其地位与政府同等，其土地改良工作也是法律所认可和支持的。所以，日本土地改良法律体系可以说是由《水利资源开发促进法》《森林开发公团法》和《土地改良法》共同构成的，它们一起规范了农地基本设施建设，促进了农业的迅速发展。这些法律还与《农地法》一起构成日本农田体制的中心部分。

4. 加快农业振兴、全面发展为主导的制度

（1）农业架构体制优化。伴随日本社会以及经济快速发

展，日本行业差距逐步明显，主要表现为农业和其他行业相比在各个方面都存在较大差距；过多的农民无地可种，开始转向别的行业；农产品市场架构亦出现天翻地覆的变化，固有农田体制俨然脱离社会实际所需。1961 年，日本颁布《农业基本法》，实施目的包括：第一，全面完善农地制度管理，提升生产效率，尽可能缩短行业差距；第二，努力改善农业劳动者生活水平，提升农民劳动收入。基本法的贯彻思想是鼓励农民扩大生产，培养其自主运营模式，促进农田转换。《农业基本法》中和农业架构的有关条款为：深化拓宽农业规模，优化产业结构，开展多项规模经营，加快农业机械化进程，提高土地利用率，提升作物产量等。此外，日本还相继修订了《农地法》及《农协法》（1962 年），达到"首次农业架构优化"（1961 年）以及《改善农林渔业经营结构融资制度》（1963 年）等。

1967 年农林水产省按照真实情况主张实施"架构策略的基础方略"。详细条件涵盖：①促进农田转换效率的提升；②深化改革融资监管制度；③全面促进农户运营发展；④达成土地改良有关任务；⑤促进完备基本养老制度；⑥全面进行经营技术培育教育工作，加快农业机械化进程发展；⑦采取其他必要措施。为了更好地适应农业发展形势，日本再次进行法律修订。如为解决集资困难，1968 年改革《农林渔业金融公库法》以及出台《农振法》，两年后颁布《农协法》，综上所述，日本不断地完善法律旨在不断改善农业结构。

（2）农地面积划分和发展制度。当前，随着社会经济的不断发展，建设用地所占规模越来越大，这无疑造成农地面积的减少。为了限制建设用地盲目扩张，保护农民基本权益不受侵害，日本政府于 20 世纪 70 年代末在全国实施土地利用划分制度，其中以 1974 年制定的《国土利用计划法》最具代表性。日本政府出台的《农振法》是一部关于农业振兴的法律法规，最终目的是通过规划农业振兴地域来保护农业用地不被侵占，进而促进农业的迅速发展。内容明确要求农业振兴区域的实施主体应该深入落实振兴计划，结合自身优势进行农业发展，5 年内做好农村规划区域内农振有关任务。《农振法》明确规定：乡村应把地域基建作为重点，大力发展基础设施建设，优化农业结构，从而振兴农业发展项目，提高农民的生活水平。另外，围绕法例当中农业促进策略的田地兴建制度，目的就是发展市町村农业架构优化，还特别计算了工程成本。法例将重点放在指明农业架构制度的不断进步上。

为确保农振村镇的农业进步以及田地保护，1975 年，日本政府第一次对《农振法》进行修改。涉及内容包括：①根据实际增加基本设施用地具体规定；②做好"农振土地兴建策略"任务里市町村田地权利流转和合一规划；③完备"指定使用权构建以及开发审核"。1984 年，《农振法》再次进行修改，增设农村环境建设内容，进一步完善田地权益流转和合一体制，对"农业设备兴建"以及"排水设备维护"进行明确要求。1999 年，日本第三次修订《农振法》，增加农地区域变更标准，强调对农地的政策保护。

（3）以振兴农业为核心的综合发展制度。《增进农用地利用法》是日本于 1980 年专门抽取《农振法》中相关规定，并对其展开衍生，而最终制定出的一项专项内容法律。上述提及的衍生具体有以下方面：首先，于范围方面，专项内容法律提及的农地利用增进范围指向是全国所有土地，取缔了

《农振法》中的土地范围限制。其次，于内容方面，专项内容法律对《农振法》中权利的转移内容予以了扩展，并新添了包括"以田地拥有者主导的组织性行动，来加快农业承包和提高土地使用效率"等多层次内涵。最后，于权利的转移范围方面，专项内容法律将"开发类及设施类用地""多种植被混种型林地"的权利转移，添入《农振法》所规定的农地使用权范围内。尽管该制度的推行，最初只基于农地流转的推动，然而最终实施下来，对农地的高效利用亦形成了很大的促进。

相比较而言，《农地法》和《增进农用地利用法》对农地的作用侧重不同，前者是使用的管制，后者是流转的促进，正因此，日本步入了"使用管制"和"流转促进"农地双制度时代。在1989年，日本基于农地流转方向的明确，再度调整了《增进农用地利用法》中的相关内容，对农业结构的调整目标及经营规模的拓展计划，提出了制度化认证要求，并将其引入到了原有的制度中。农林水产省于1992年，在对外颁布的题目是"新食品·农业·乡村条例新动态"的汇报里，指出农业架构、运营方略的将来动态："基于同区域内，农业人和其他行业从业人每年的劳动时间和人均收入都可保持同等，应该确定一种可稳定进行大部分农业经营的有效'经营体'于农业结构之上。"日本《增进农用地利用法》基于上述"经营体"的提出，不仅再度展开了内容调整，同时更名为《农促法》（全称为《农业经营基础强化促进法》，具体更改时间是1993年），再度大幅度改革了农地制度。《农促法》的全部规定可以分为以下五个方面：第一，对农业经营基础强化的基本方针及构想，分别由都道府县及市町村完成制定。第二，合法保有农地及法人。第三，对于农业的经营计划认证及认证后对应化农业人才的培养，还有有效"经营体"的构建，皆由市町村完成。第四，农业经营基础的促进，由市町村负责。第五，休耕地的保障举措。基于农业经营基础，《农促法》不仅对农地增进利用及流转的全部形式，展开了明确规定及描述，还特别指明其支撑和强化开展的主体，分别是都道府县和市町村；此外，该法对农业的经营计划认证及认证后对应的农业人才的培养等，予以了制度化的规定。日本的农地制度在《农促法》出现后，已然从"增进利用"旧阶段，进阶至"强化经营基础"新阶段。日本的农地制度正因此，将非耕种意图的农地获取权予以了有效排除，实现了高质量农地于农业利用的完全化；此外，这种制度下的农地流转，全都基于改良农地及扩展经营下进行，保证了农地的高效利用。综上，作用发挥完全超过预期的日本农地制度，不仅获得了一致好评，且被外界广泛认同。

（二）关于农地制度的几点启示

1. 必须保证结构科学化、体系完整化

日本农地从利用到保障的方方面面，都已然实现了制度化的构建，各种制度相互配合，致使农地制度不仅具备了科学化的结构，同时实现了体系的完整化。日本在农业、土地方面的立法非常完善，据统计一共超过 130 个：不仅有与农业直接相关的《基本法》《委员会法》《改良资金援助法》等；还有和土地相关的《农地法》《农促法》《土地改良法》《自耕农创设特别措施法》《农地调整法改正法律案》《增进农用地利用法》《地方分权法》等；以及《农振法》《农协法》《城市计划法》《特定农村山区法》《村落地域建设法》《市民农园建设法》《孤岛振兴法》《农村地区工业引进促进法》《食品·农业·农村基本法》等。上述诸法织就了一张体系化的制度网格，而由于制度和制度之间，存在着部分重叠内容，从而衍生出了部分子制度，基于子制度系统对制度的强化和补充，专门针对性地予以了立法支持。由于上述制度不仅都有了通行的法律依据，同时亦都做到了规范对象及条款的清晰明确，致使其实际操作非常容易展开。当前日本，任何一种类型的农地、在任何时期内，都有对应化的制度对其进行管理。综上可见，对于土地而言，保护要想做到有效，使用要想实现高效，根本在于内容完善、结构科学及体系完整的强大制度的构建和支撑。鉴于就所拥有的农地资源特征呈现而言，中日两国非常类似。所以，我国对于保护及使用农地方面，可借鉴日本相关经验，展开制度上的全面改革，具体构建或完善包括"强化保护及使用农地、国土规划、农地产权主体"等方面的法律制度，以及"耕地集中流转、农用地转为非农用地、监控国土使用、整理及治理土地"等方面的机制。

2. 必须保证设计谨慎化、执行严格化

对于全国所有农地，日本基于对农地资源的高效保护，分别进行了保护和开发这两大农业区的划分；此外，还基于对非耕种意图的农地获取权的消除，该国对占用农地，构建了严谨的许可制度。日本一边推行"凡耕种人，都有耕种地"，一边禁止个人进行土地交易，都是为了农业经营人权利的有效保障，基于此，严控土地所有权变更的同时，还为流转土地设定了一些限制。此外，日本为了保障及提高农地使用的有效性，将包括各种类型土地，以及其所有权拥有方、使用方、变更用途的申请及审核等，都纳入到了法律的严控范围内，一旦违法、必将严惩。以非城镇地区小于两公顷面积的农地占用为例：农地使用人需先提交用地申请于都道府县的农委会，而后由该农委会向知事、知事向农业会议予以层层上报；农业会议将审批结果返回给知事、知事返回给农委会、农委会回复于申请人。自这个流程可见，日本农地占用不仅要经由农委会的审批，同时还需通过农业会议的核定；而知事不具备最终许可决定权及许可的直接通报权。上述对农地流转及知事许可权，都形成了有效管制。自此而言，我国全部耕用地要想保证不小于 18 亿亩面积，首先要做到土地包括保护、利用及管理在内的科学制度化。

3. 必须保证调整的适时化、完善的持续化

于日本农地而言，框架的形成及政策依据都在于《农地法》《农振法》《农促法》以及《土地改良法》这四部法律。随着经济发展需求的变动，上述法律亦需要基于农地利用及农业经济的发展，作出适时调整。随着农地制度的不断改革，围绕着"权利保障仅在于农业直接劳动人"这一主线而展开的《农地法》，实现了从自耕农到全部农业劳动人权利的保障，因此，该法分别可以"自耕农"及"耕种人"两大作用主义进行划分。日本在 1994 年，基于有效农业经营体的构建，立足于乌拉圭回合谈判，试图将原有的《农业基本法》进行完全更换，并展开了新法的具体研究。而这一举动，再一次促使人们对农业生产的法人以及有关制度构建，展开了高度关注。其实，《农地法》在 1962 年的修改中涉及了"农业生产法人"，在 1992 年的修改中对法人经营农业还有严格的制度约束，但多数意见认为，股份公司应该获得农地权利，因此，在 1998 年的修改中放宽了对农业生产法人的约束条件。1999年，日本公布了《食品·农业·农村基本法》，积极推行农业生产法人制度。2000 年，《农地法》的"农业生产法人制

度"部分再次被修改。综上，"随时代变化而变动"是日本农地制度的最大特征。即基于法律制度的统一和完善，在经济需求及大环境都出现变动时，农地制度要在保证立法初衷及框架不变的原则下，对内容予以适时的调整或补充。

4. 必须保证制定及实施，都有金融制度做基础

于构建农地制度而言，金融制度所具备的作用非常重要。对此，日本不仅一直高度看中，同时还一直基于农地制度构建需求的转变，对金融展开政策上的适时调整。日本所有的农地制度改革，可以说都是在金融制度的相对支撑下完成的，并且"促进农地制度"本身就在金融制度的规定内容内。1963 年基于农林渔业运营架构结构优化，日本作出"集资策略"，为从事农业工作的民众提供涵盖农地开发、园艺和畜牧方面运营的改善扩展及调整农业结构在内的用度需求资金。基于自立经营及其农地改善，外加农地获取及改良、农用设施购置、培植果树、畜牧经营开设等在内的方方面面的资金所需，《农林渔业金融公库法》于 1968 年新设了"综合型资金"。1970 年基于农业结构政策提出的"经营人年轻化、规模扩大化"❶，日本对应出台了《农业人养老金基金法》，并对养老金明确提出"支付始于 60 岁；满 65 岁后，在原有支付上，进一步附加支付"的规定。基于此，我国也应该改革金融制度，来支撑农地制度的构建。

四、其他国家农村土地制度变迁

纵观全球所有国家（区域），土地实行私有制的超过半

---

❶　关谷俊. 日本的农地制度［M］. 金洪云，译. 上海：上海三联书店，2004.

数以上。大陆、英美这两大法系国家影响最大，且最为典型。其中，法国、德国、比利时、奥地利、意大利、葡萄牙、西班牙，以及瑞士等资本主义国家（包括曾被它们殖民过的诸国及地区），都属于大陆法系国家，这些国家绝大部分土地的所有权属于私人，一般而言，在土地总资产价值中，私有土地占据最大份额。此外，大陆法系下的私有土地还有下述两大特点：配置尽管会受到政府调节，但主要还是取决于市场机制；和国有土地（所有权归政府的土地）及公有土地一样，都在不断地变动。然而，以英、美两国为首，外加新加坡、巴基斯坦、加拿大、澳大利亚、新西兰、印度等英美两国曾经的附属国和殖民国，以及少数非洲国家（区域），皆属于英美法系国家，这些国家的土地所有权呈现，以英国为代表。

（一）他国农地制度的启示

（1）纵观资本制国家，虽然可见其土地产权一般呈现是以私有制为核心的混合型结构，但是，政府依然享有这些土地包括征用、税务征收、基于分区法下的利用划分等方面的权力。在这些国家，土地权纠纷发生率非常低，这是因为各类土地产权的边界，早已被完善化的法律体系——明确。承包责任制于我国的通行，虽然已使土地产权集体共有转变为农民个人私有，但是这种转变缺乏保障。鉴于此，我国当前调整农地制度，最要紧的是强调土地权保障。

（2）英美等国对于农业经营人及劳动人的权益保障和维护，很大程度依赖于非政府组织的推动。然而，基于农民权益具备有效表达的窗口，我国所构建的农民组织，对包括农地利用、农民其他权益甚至整个农村权益的保障和维护，都形成了很大的促进。

（3）农地制度依据阶段及时期的不同，而确定不同侧重。如，以《农地法》《农振法》及《农促法》为农业制度基本框架的日本，几乎所有农地政策及活动，都基于这三项法律制定和展开。不过，这三项法律可以发生改变，可以根据各个阶段的目的差异而有所变化，需要进行合理的改变，农地政策也将由于这个原因出现趋势上的某些改变。例如在设置与调整《农地法》的时候，它在农地制度上的保护作用主线非常清晰，已然历经了从"自耕农"阶段向"耕种人"阶段的转变。其为我国带来了如下启示：基于法律的惯性执行，以及社会各类变化的适应，要基于立法初衷及框架的不被改变下，随法律予以适时调整。这对于立法太多，而形成的杂乱、重叠及冲突问题而言，亦是一个很好的缓解手段。日本的农地法律及政策，尽管不同时期倾向内容存异，但农地制度的坚守保护宗旨，一直都是"耕种人"阶段的"权利保障仅在于农业直接劳动人"。此对那些农业基础差且土地所有权纠纷突出的国家（区域）而言，具备不可或缺的重要作用性。作为农业人口大国，土地是我国农业生产的基础，也是社会存在及发展的最主要保障。相对于日本而言，我国农业方面的生产力和没有集中操作农地之间的问题没有足够的表现出来，现在如何处理农户的土地使用权成为其中的关键问题，使农民对其拥有足够的信心，并且，还需要尽快符合土地经营权能够进行更改的前提，此时的农地制度应该保持一定的恒定，变更土地应该符合农民的期望。

（4）鉴于农业收益明显要低于工业收益，导致农业劳动人必然会向包括工业在内的其他外部行业开展兼业。纵观日本，可见兼业农户的生存力，明显优于一般完全从事农业劳动的农户。因此，构建农地制度的时候，一定要将为农民提供更多兼业机会纳入考虑范围。立足理论层面而言，农村土地的规模经营首先需要解决农村大量剩余劳动力，而这有赖于农业以外的发展而衍生出的农业以外的劳动机会。纵观日本当前农民兼业的大好发展局面，可知农民兼业后，不仅不会放弃土地，反而因看到农业受工业发展的影响，而更加珍惜土地，甚至使土地流转难度提升，这一点启示我们，必须要做好应对准备。

（5）在经济加快发展的阶段，应该关注工农业的稳定前进，不能有偏爱或者忽视某一方的现象，需要将工业中一定比例的收益用于帮助农业的前进，需要改变以农补工的现象，最大限度降低工农之间的差异。农村成为我国与发达国家之间的重要差异之处，我国的上海可以达到日本东京的水平，不过日本的农村已经完成了城镇化。我国需要尽快降低工农之间的差异。

（6）土地制度的出台需要结合合理大小的经营、农业产业化的前进、农业科技的提高、机械化的进程以及调整农业分布等环节。而怎样避免农业用地的闲置、怎样增加土地的生产效率、怎样约束农业用地变成非农业用地、怎样提高农业相关器械的使用率成为我们现在的关键环节。

（二）世界各国土地制度比较及对中国的借鉴

1. 北美

（1）美国。

最早的时候，美国政府征用土地是无偿的。而在今天，美国宪法明文提出：政府征用土地不仅要给出合理补偿，且土地必须用于公共项目的构建，否则，政府将不可使用土地征用权。自此可见，美国的土地已经完完全全成了一项商品。

所谓"合理补偿"，美国财产法提出：按照当前市价对财产的时下价值及未来盈利进行折算，将折算的金额赔偿于所有人。基于土地所有人的权利保障，以及未来价值的可预期性，美国按照征用前市价来计算征地补偿；另外，对于土地征用过程中，接壤土地出现的被意外占用或受损，政府亦会给予相应的补偿。征用土地的行为，在美国即是行使了国家的"最高土地权"。

（2）加拿大。

在土地征用方面，加拿大使用的制度源于英联邦，不仅开展顺利，且对国家、征地政府部门及个人在内的三方权益，都做到了有效保障。加拿大的征地补偿，不仅包括被征用土地在当前市价计算下的价值，同时还要考虑最高价值以及最佳用途下的利润，来进行适当金额的补偿。具体包括：①综合考虑被征用土地的最高价值以及最佳用途的利润，以当前的市价，进行被征用部分土地的补偿。②土地征用过程中，对剩余或接壤非征用土地形成的破坏、对周边经营或个人形成的不良波及，根据损失情况进行相关赔偿。③土地的所有人及租户的生活工作因土地征用的干扰，而多出的各种支出，进行相对补偿。④搬家费补偿。

2. 欧洲

（1）英国。

英国对于征地补偿的规定，涉及包括原则、范围及标准、计价的具体日期及争议解决等在内的方方面面，可谓非常详细。土地征用要基于买卖双方的意愿市价进行补偿，同等价值和原貌恢复，分别是土地征用及其征用形成损害的补偿原则。

征地补偿的具体范围及对应补偿标准如下：①征用土地

及所在征地范围内建筑的补偿，当前土地的公开市价是其对应补偿标准；②剩余及接壤的非征用土地，在征用土地分割时，形成的受损补偿，贬值市价是其对应补偿标准；③出租利益损失补偿，租约满期情况下的剩余租金，是其对应补偿标准；④征地行为干扰下，而导致的经营损失及搬家支出等补偿；⑤包括维权、请律师等必需费用的补偿。之所以要明确规定补偿计价的具体日期，是由于政府部门在征地之初，就应该对土地所有人以及其他权利关联人进行通知，但是往往通知后的很长一段时间，才会真正地获取到土地，而土地市场价在这段时期里会出现波动，一旦波动是向上的，补偿计价日期便会出现争议。对此，英国予以了明确规定，补偿款项没有争议时，计价日期便以征地通知日期为准；反之，存有争议并提出上诉时，计价日期一般以法庭判决的最后一天为准。

（2）德国。

于德国而言，其征地补偿的范围及对应补偿标准如下：①土地及所在征地范围内标的物的受损补偿，征用申请当天的市场价是其对应补偿标准；②经营受损补偿，于另外类同土地经营可获得的利润等值，是其对应补偿标准；③标的物因征用而形成的全部受损的补偿。和英国一样，德国以征用正式公布当天的市场价，进行征地补偿计价。基于开发预期而引发的投机行为的规避，政府对二度开发的城市区域征地补偿明文规定：征地因未来发展预测而形成的市场价提升，不可作为补偿的计算价。征用土地及被征用的双方，对补偿金额存有不同意见时，基于被征用土地那方的合法权益保障，应该依法上述至辖区法庭。并且，全部征地补偿费因由征地方在决议形成的一月内，直接向被征地方清付，一旦没有逾期，征收决议便即刻失去合法效应。此外，德国的征地包括现金、另外同类型土地、用地权利等多形式的补偿选择。

（3）法国。

法国以征用裁判所对征地申请判决公布那天的市场价，进行征地的补偿计价。此外，该国基于补偿的控制，将征用公布一年前，被征土地（不动产）的实际用途，看作为其补偿依据用途。

（4）瑞典。

对征地由于成为公共用地的发展预测，而形成的市场价向上波动，以及基于补偿款的提升，而改变土地用途的投机活动，瑞典以法律明文规定，这些都不在征地补偿范围内。瑞典对土地征用补偿价格的计算，以 10 年前该土地的价格为准。

3. 东南亚

（1）日本。

日本以土地征用法对征地予以规定，提出国内重大公用事业都可依据土地征用法，进行土地征用。因征用而形成的损失补偿，自原则上而言，是以现金赔偿的支付形式；而被征地及周边同类型土地的收缴租金，是补偿计价的标准。

日本的征地补偿，是以和补偿标准靠近的价格进行计价，但是通常情况下的征地补偿，都是百分百以补偿标准进行的。日本征地的补偿具体可分为五类：①补偿因征用而形成的各类受损，此类补偿的标准是征用土地（财产）的正常市价；②补偿土地所有人因征地而出现的附加受损；③补偿少数关联人因征地而出现的生活损失；④补偿因征地而引发的离职及失业损失；⑤补偿因征地而出现的公共污染损失，以及污染连带引发的生活和经济受损。此外，该国的征地补偿形式除了现金之外，另有一种同等土地或其他同等价值物品的替代补偿。

（2）韩国。

于韩国而言，其征地补偿主要有：①作为征地补偿主体的土地价值补偿，其补偿标准是该国统一地价（1990年公示）；②剩余土地的补偿，这类补偿具体主要在于剩余土地市价因征地而出现的降低，以及道路等其他附加设施修建对土地的占用；③征地范围内，对公益事业不存在必要性的固定附着物的迁移补偿；④因征地导致土地的所有人及关联人经济损失的补偿。此外，该国基于征地区域、补偿、时限等方方面面的高效决断，不仅首尔，包括直辖市、特别市及街道等，都设立了地方性的征地委员会，还于建设部设立了征地总委员会。

（3）新加坡。

新加坡的征地补偿，首先由土地估价师依据征用公布当日市价，进行土地总价值的评估；而后，将评估结果上报于同时担任土地的税务及行政工作的长官，并由其决断。因征地而形成的土地分割受损、动产及非动产的损失、迁移及土地测量的支出、印花税及其他必需的支出等，都属于该国的征地补偿范围。

综上可见，全球发达国家（地区）的征地补偿都基于市场而展开，以高效公平为原则，不仅都高度重视征地补偿制度，同时明确规定了补偿包括范围、标准、形式及争议解决等在内的方方面面。

（4）印度。

印度的土地性质属于土地私有制。这种私有制是有限的，户均不能超过一定的面积。总部位于西雅图的农村发展研究所发言人兰德萨称，2010 年，印度超过 12.5 万个贫困家庭成为了合法土地拥有者。古代印度的土地制度是村社或国家所有，国家具有最高的土地所有权，村社有土地的是世袭占有权和使用权。殖民时期，印度实行封建地主土地所有制，即柴明达尔制（柴明达尔成为地主，他所征收地租的 10/11 上缴政府）；莱特瓦尔制（原公社农民是土地所有者，每年直接向政府缴纳土地税）；马哈瓦尔制（按庄地定税，庄地原为封建主占有的，即以封建主为纳税人。原为村社集体占有的，即以村社为纳税人）。独立后，印度实行土地私人占有制度。20 世纪后半期印度土地制度改革进入高潮，其中以"绿色革命"影响最深远。"绿色革命"直接导致自耕趋势加强和租佃制减少。

印度的耕地面积数量居亚洲之首，多达 1.43 亿公顷，人均占有耕地 0.16 公顷，约为我国的两倍。在国土面积中，耕地面积约占 47%，森林面积约占 22%，草地约占 4%。

印度的农民根据土地占有量的不同分为四大类，拥有土地自己不耕种的农民，拥有少量土地自己耕种的农民，主要耕种别人土地的农民和农业短工。农业收入不是在农业劳动力（农民）之间平均分配，而是根据土地所有权由市场分配。然而，印度农村绝大部分农民是没有土地的佃租农。土地集中在资金优势的土地主包税人的手中（印度又称为"资助人制度"），这种集中的原因，并不是什么印度的传统，而是英印当局长期的土地税制度，鼓励对小自耕农兼并的结果。这些土地主一般也是本地种姓中的上层人士。即使是贱民在表面上比高级种姓地位低，但在他们的种姓之中，那也是帮主型的尊贵。这样就在事实上构成了农村土地的贵族。

印度农业主要以个体农户为经营单位，平均经营的土地规模为 1.68 公顷（1985 年、1986 年），但占农户总数的 57.8% 的边际农户的平均规模只有 0.39 公顷。印度农业的社会经济结构的特点是：封建的、个体的和资本主义的经济成分并存，小农经济占绝对优势，传统农业占优势地位，以传统的生产工具和手工劳动为主，现代投入较少。目前印度农村社会和经济生活仍然是以农业（主要是种植业）为中心旋转。村社仍然是社会关系和经济活动的基础，传统的管理系统以及亲属、家庭和种姓制度仍然是社会经济关系的决定因素。但近几年，许多地区以不同的速度和强度，开始发生变化，涌现出了少数现代的农村社会。

4. 亚洲地区土地制度的相同点

亚洲各国（地区）的土地一般是私人所有居多，私有土地的价值量一般占各国（地区）全部土地资产价值的绝大部分；私有土地虽受政府调节，但主要由市场机制配置；国有（政府所有）、公有和私有土地处在动态变化中。

5. 亚洲地区土地制度的差别

（1）日本实行的是以土地私有制为基础的完全市场模式，土地分为国家所有、公共所有、个人与法人所有。在现代化进程中，日本很好地保护了农地，有效地使用了耕地，成为目前世界上土地利用最为合理的国家之一。

（2）新加坡土地制度主要有国有和私人所有两种形式，国有土地又分为国有土地和公有土地两种形式。国有土地占 53%，公有土地占 27%，私有土地只占 20% 左右。

（3）韩国是典型的土地私有制国家，而且是一种垄断式土地私人占有。大部分土地为个人和法人所有，政府运用法律、行政、经济手段对土地行使强有力的管理。

（4）印度是土地私有制国家。但是这种私有制是有上限的，户均不能超过一定的面积。

6. 亚洲各国土地制度对中国的借鉴

亚洲各国土地制度中的土地产权及其登记、土地利用规划、土地开发与保护、土地征用等方面，对我国土地管理实践和相关制度的建立与完善具有积极的借鉴意义。

第一，明确和落实土地的所有权主体和所有权性质。从长期看土地市场应该走以土地私有制为主导的市场，构建更有效率同时兼顾公平的市场。

第二，彻底改革目前的土地制度，允许农民土地直接入市，与国有土地同市同价。

第三，土地制度变迁需要国家统一政策和地方具体政策配套改革，比如与城市化进程相结合，与社会保障的进程相结合，还需要综合考虑农民人力资本的进步以及整个新农村建设的进步，等等。

第二节　新中国成立以来农村土地制度的变革

"三农问题"是当今中国发展的重中之重，而作为农业生产开展基础的土地，正是其核心所在。农村土地产权制度如何，既关系到土地资源的合理配置，也关系到农民生产积极性的发挥。

我国的农地制度，在新中国还未成立的时候，长期呈现私有制形态；导致当时土地出现了一种特殊的并存格局，即土地所有权高度集中于少数人手中，而大多数人的耕地源自于承佃少数人的土地出租。旧中国的农地制度，并不是非常特殊的制度安排。在农地私有制下，地主掌握绝大多数农地所有权，而佃农以"自耕农"形态完成所有农地的经营活动，从历史上看，自明清以来，直到 20 世纪 40 年代，其制度特征并无实质性的变迁。决定制度安排最重要的变量是土地占有和土地产出的利益分配方式。因此，旧中国的农地制度，最重要的是分析土地的占有方式和收益分配方式，以及由此产生的政治、经济关系。于经济发展而言，封建时代的土地制度不仅不具备任何促进的作用，还形成了太多的阻碍。

然而，新中国成立后，农地制度在共产党的带领下，不仅彻底告别了过去，迎来了完全不同于以往的发展格局；同时，随着土改、社会主义化、人民公社，以及全面改革开放等时代的不断进阶发展，农地制度亦基于这些时代的适应，随之展开了一步一步的调整。而依据以往的发展呈现，文化、经济、政治以及社会结构每一次出现重大改革之前，土地制度都会事先出现革新，据此可见后者不仅是前者的征兆，且还是前者的引火索。❶ 可是于我国而言，当前城乡收入差距依然在不断扩大，因此于城镇化发展飞速的今天，基于城乡发展步伐的统一化促进，而展开的农地制度调整，跃然成了社会的共同关注。

自新中国成立以来，我国的农村一共进行了四次大规模的土地调整。其中 1950~1952 年推出的农民土地所有制为第一次调整，它完成了农民有土地的任务；1953~1956 年经历了第二次调整，推出初级合作社与农业互助组土地制度，基

---

❶ 王景新. 中国农村土地制度变迁 30 年：回眸与瞻望 [J]. 现代经济探讨, 2008 (6)：5-11.

本完成了集体土地所有权的制度；1958～1962 年经历了第三次调整，推出了高级农业合作社这样的土地集体所有制，稳定了人民公社实行的"三级所有、队为基础"的调整；20 世纪 70 年代后期经历了第四次调整，推出了家庭联产承包责任制，将所有权进行分解，产生出承包经营权这样的使用权。即便这几次调整的方向有差异，不过那个年代实施调整均是为了提高生产力，使农民能够拥有足够的土地，进而推进农业发展，提高农民的利润，可以说就当时而言，每一次的土改都初步达到了预期的收效。不过，当中国城镇化、工业化发展越来越深入，且农村生产水平呈现出持续上升之势，农业现有生产关系已不能完全地适应市场变动，甚至出现了和市场当前发展不符的现象。对此，全国各地开始意识到农地制度需要革新，并对此高度呼吁。于农地制度的未来调整而言，不仅需要全面了解各时期的土地政策，同时还要谨记历史教训（见表 3-1）。

表 3-1　我国历史上四次土地改革及主要内容

名称	时间	所有制形式	主要内容
第一次土地改革	1949～1952 年年底	农民土地所有制	废除地主阶级封建剥削的土地所有制，实行农民的土地所有制
第二次土地改革	1953～1957 年	互助合作、集体所有	农民将除小块自留地之外的土地交由合作社统一经营，收益按社员投入土地和劳动的数量和质量进行分配，社员拥有土地的处分权且退社自由

名称	时间	所有制形式	主要内容
第三次土地改革	1958~1978 年	公社体制下集体所有	公社对土地进行统一规划、统一生产、统一管理,实行平均主义的按劳分配
第四次土地改革	1978 年至今	家庭联产承包责任制	土地所有权与经营权相分离,确立了家庭自主经营的基础地位,农民与生产资料直接结合,集体统一经营与家庭分散经营同步并行

一、土地改革时期农村土地制度

对于我国土改的方针、路径及有关政策,中央人民政府于 1950 年通过《土地改革法》的颁布和通行,予以下述明文规定——"对封建时代下,以地主利益维护为主、剥削普通农民的土地所有制,予以彻底化地废除;并基于农业生产力的解放、农业的健康发展以及农业工业化的实现,构建以农民利益维护为核心的土地所有制。"我国土改的触角于 1952 年年末,已然基本伸向了全国(除新疆、西藏及台湾地区等之外的所有地区),致使封建时代的土地制度被彻底清除干净,每一个农民都享有了独立、完整且有效的土地所有权。土改对农民而言,不仅有效抬高了其政治地位,同时增长了其经济收益。据有关统计,于全国范围内,九成农业人口所在的区域完成了土改;六到七成农业人口因土改而获益。土改将 7 亿亩土地无偿分布给全国范围内的无地或少地农户,超过 3 亿人因此而受惠,同时分配的还有生产必需的其他辅助资料,这一举动将农民耕种需向地主上缴的地租(350 亿千克粮食）予以了免除，让农民可以彻底无负担地自主耕种和获取收成；此外，土改之后，全国耕地九成为贫中农所有，而以前集中掌握大量土地所有权的地主及富农只大约占有8%。这使农民的生活得到了改善，实现了耕者有其田。土改于农民而言，提升了他们的经济收益，解放了他们的政治限制，推动了他们的革命自主参与意识，而这些恰是国家解放和经济复苏的基础保障。

土地改革是革命战争年代中国共产党关于农村土地问题的政策主张和根据地"分田分地"探索在夺取政权条件下的一次充分的实现，是抗日战争和解放战争时期解放区土地改革的延续、扩展和深化。1949 年 9 月《中国人民政治协商会议共同纲领》颁布，规定在已经实现土改的省份务必要保护农民持有农田的正当权益；凡尚未实行土地改革的地区，必须发动农民群众，建立农民团体，经过清出土匪恶霸、减租减息和分配土地等步骤，实现耕者有其田。1950 年年中，为深化稳定土地所有制地位，党以及政府出台《土地改革法》，自此国内上下土改制度铺开帷幕。1953 年第一季度，国内土改任务已悉数完备，除了 700 万少数民族同胞外，全国上下超过 3 亿贫困农民通过土改得到超过 7 亿亩农地，减免 350 亿千克粮食租额，达成数辈人"耕农自拥地"之愿景。从对新中国成立之初相关研究报告中不难得知："农民获得农田之后，成为小型地主的……"；他们拥有的农地能够交易、租赁，但必须受到管控。为维护农民农地私有化权益，当时的县人民政府普便给农民颁发了《土地房产证》，如此一项符合国内全部地区的法规。证明当中清楚写明：土地所有人自主权涵盖开垦、自住、典押、赠与、买卖以及出租等领域，第三方不能够剥夺其权益。土地改革造成的长远影响在之后数年间农业发展过程里已经得到土地改革充分体现。新中国成立三年后，粮食总量提升 13.15%，大概是 5 074 万吨；棉花生产总量大概提高 86 万吨。每年均增比例是 43.16%；油料从原来的 256.41 万吨发展为 419.13 万吨，年均增幅 21.18%。

中国农村的漫长发展历程是由中国的土地所有权和租佃农户的不和谐的性质决定的，生产所有权高度集中，租佃农户数目太多，阻碍了农村的发展和进步。薛暮桥曾在中国的多个省市中调研分析中国的地主与贫农各占有土地总数的多少，贫农占有土地少，总人口数多；地主总人口数少，占有的土地却多。这也就决定了中国的农民受地主阶级压迫的事实。土地改革是农村发展史上的一个重要的转折点。土地改革之前农村地租租额与产量的比值大部分都在 50% 以上，甚至高达 70%~80% 或者更高。为了维护农民的权利，改变当时的社会性质而颁布的《土地改革法》中明确指出：地主阶级封建剥削的土地所有制要被农民土地所有制代替。将地主的土地没收，农民可以根据现有土地的多少分配没收的土地。土地改革极大地促进了中国农村经济的发展，给农民土地，保障了农民基本的生活条件。农村人地关系的紧张状态得到了缓解，促进农村的和谐发展。毛泽东 1936 年曾在延安接受了美国记者埃德加·斯诺的采访，毛泽东指出：农民是中国发展的顶梁柱，土地问题是制约农民发展的重要因素，要想发展中国就要发展农民，发展农民就要改革土地。土地改革在中国的发展取得了巨大的成效，促进了中国农业的发展。在 1950 年到 1952 年，粮食作物播种面积由 114.41 百万公顷上升到 123.98 百万公顷，粮食作物播种面积增长了 8.3%，粮食总产量增加了 24%。中国农业生产的飞速发展使中国农业在世界上处于领先地位。

土地改革是中国土地发展史上的一个重要转折，在中国共产党的领导下，封建剥削的土地所有制被废除，农民翻身得解放。它不仅是中国土地改革史上最大的一次，也是最顺利、最成功的一次。土地改革中针对不同的公民群体提供了相应的改革措施，对于贫农、中农和富农进行了不同程度和方式的改革，在消灭地主阶级方面也针对不同的情况设置了不同的消灭路线。同时，还特别照顾了某些特殊人群，如，少数民族、宗教人士、华人华侨等。对于这些特殊人群，党和国家通过减免他们的负担提高了他们的积极性，进而消灭了封建剥削的土地所有制。土地改革在成功的同时也暴露了很多弊端，在土地改革中过度迁就农民、努力实现平均主义是农业合作化的源头。土地改革后形成了一种小农经济模式，这给后期土地发展的规模化增加了难度。在中国的很多地区都实行农民土地所有制，这使得中国贫富差距越来越大，不利于中国土地的全面发展。

二、农业合作化时期农村土地制度

社会主义过渡时期为了克服土地改革后农村出现新的贫富两极分化现象，并且满足分散农户互助劳动和交流生产资料的需要，中央决定引导农民走合作化道路。这种方法的实施是在农民对土地所有权的基础上，以自愿、互助互利为原则，农民基于此，适当缓解当时耕作要素匮乏，耕作科技不足以应付和抵挡自然灾害的局面。截至1951年，我国已经建立了多种多样的合作社和互助组，随着《关于发展农业生产互助合作的决议》的出台，又进一步促进了合作社的构建。

农户可以自持少量农地，并把大部分交由合作社集体开发管理，合作社成员收入多少取决于他们交出的农地以及付出的劳动多少以及质量，且社员有权处分土地并自由退社。在维护农民土地所有制的基础上，初步建立的农村合作社使集中劳作和分工合作的优势得到充分体现。

1955 年 10 月第七届六中全会发表《关于农业合作化问题的决议》，1956 年由毛主席亲笔论述的《中国农村的社会主义高潮》公开发行，这两大事件的发生标志着高级的农村合作社在全国范围内大力创建。农民家庭的主体地位被作为基层经营组织的生产队所代替，并将农地以及相关水文工程归村合作社所有，由生产队统一安排工作任务以及耕作资料。到 1956 年 12 月，加入农村合作社的农民已经为国内农民总数的 96%，并且，高级合作社在全国范围内的数量越来越多，规模也逐渐扩张，到 1957 年年底，在全国范围内，每个合作社已经拥有高达 158.6 户农户。这些数据清楚地表明，土地私有制已经不能适用于当时社会，应废除土地私有制，建立社会主义所有制。

在新中国成立初期，形势并不乐观，为了改善这一现象，我国政府确立了优先发展重工业的战略，重点发展航天、军事、石油化工等重工业，使国家工业化、现代化，适应现代社会的发展趋势。但由于当时的经济发展较为落后且经济主体为农业，要实现工业化的资本积累就必须聚集分散的农业剩余。国家采取以统购统销制度为主要办法聚集农业剩余，农产品贸易被严格管制，这使得农民土地所有制与国家大力发展重工业之间出现了非常严重的矛盾。因而，要使农业为主的经济适应"赶超战略"就要全面建立农村土地集体所有制。

在合作化运动的开始时期，那个年代农村的真实状态和党的方针能够保持同步，促使、激励农民相互帮助。让农村的土地进行共同的生产和经营，既扩大配置农田的水利设施，使农业科技得到大力推广；也使农业生产力得到了大幅度提高，而且从组织方面保障了农业剩余借助价格"剪刀差"一步步地融入城市工业系统。

一般将互助合作运动分为两个时期。新中国成立至1955年建立初级社与互助组为第一个时期；从1955年的夏天到1957年成立高级社为第二个时期。互助组又分为常年互助组与临时互助组，以自愿互利原则为前提，通过农户私有制保住土地以及其他的生产资料，农户彼此可以凭借人工变畜工、人工互变、搭庄稼、伙种、地种等方法，实现彼此之间的协作，处理生产时的问题，并且还可以增加收益。初级社最主要特点是：农民仍然拥有土地的所有权，但必须交给初级社统一使用。等到年末进行土地分配时，农民的土地股份可以分红，所以，初级社亦叫作土地合作社。高级社是以初级社为前提，形成的一种经济组织，它让耕畜、土地与大型的农具作为股份放在社中，可以一起使用和管理；不过还可以让农业合作社拿出5%的耕地，农户可以对这部分耕地进行分散经营，可以在其上种植任何作物。自留地的所有权属于集体，无须对自留地产出征收公粮，经营者不可以对其进行私下交易。总的来说，高级社就是农户私有的土地变成公有土地的经过与方法。

纵观整体，加入互助组的农民的相互合作只存在于生产过程中，完整统一的土地产权依然属于农民。在初级社中，集体所有权已经有了发展趋势，土地的使用权与收益权已不再归农民所有而属于集体；而在高级社中，以熟人社会为主的农村社区界限被突破，更高的集体层级成为所有权的主体，土地产权、使用权等都被明确规定为集体所有。这一强制性的制度改变过程虽由政府主导，但已渐渐违背了自愿互利原则，对农民的权益和利益造成了损害。而且，在农业社会主义改造过程中，由于要求过急、工作过粗、改变过快、形式单一，而未能全面考虑到全国各地合作化程度方面的巨大差距，导致社会基础不稳固，但也在一定程度上赶超了当时的生产力发展水平。

三、人民公社化时期农村土地制度

在 1957 年年末到 1958 年年初的这段时间，乡村发起了突破公社、乡镇、县市以至省城免费调动劳力、资金修建田地水利工程的运动，中央政府对此给予了高度表彰。1958 年 8 月，毛主席在冀、豫、鲁三个省份的一些乡村进行调研时，着重指出"公社化好"，其特征是："一点是大，另一点是公"。接着在北戴河召开的政治局大会上，中央政府通过了《关于在农村建立人民公社问题的决议》，公社化管理方式在各地得到快速推动。在短短的几个月，国内共建立了 74 万个农业合作社，整改重组形成 2.6 万个民众公社。公社推行的是政治和公社相结合的原则，普遍是一个乡镇一个公社，总体来看一个公社大约 2 000 户农户，有的甚至是一个县是一个公社，把原属于高级公社的资产整合之后免费转移到公社中，并且社员自养的家禽和单独劳动的自留土地都被一起取消，生产队和社员的私人财产都属于公社，致使"共产风"蔓延恶化。从古代开始，我国农民就把家庭当作主要的审计单位，这个方式彻底否定了个体耕作和自产自足为基本特点的小农经济，在计划经济体制下国内的乡村变为给国家供应农副产品的制造工厂。

在公社中乡村土地实行三级制度：原来属于合作社和社员私人的土地、坟墓用地、住宅用地等所有土地，加上家禽、农具等资产以及所有公有资产都归公社三级所有。公社统一对土地实行计划、生产、管制，把平均的"按劳分配"作为基本准则。然而需要说明的是，公社形式是在历时 25 年的运动进程中一直是整合和改善的，从"整合和强化公社的……"（1958 年 12 月），改正"一平、二调、三收款"的疏漏（1959 年 2 月），到规定"全体公社运用三级管制、三级计算……"（1959 年 4 月），再到制定《农村人民公社工作条例（修正草案）》（即"人民公社六十条"）（1962 年 9 月），揭示了乡村合作社的所有关系，总体来说从合作社所有、合作社三级所有表现为大队形式、合作社三级所有表现为生产队形式等三个阶段，逐步向完备和固定形式的方向进行。人民公社六十条最后把田地、劳力、家禽、工具"四固定"归结为生产队，分配计算是在生产队中进行，构成以大队或者生产队为主体的公社所有人所有、合作运行的乡村经济格局。

伴随劳动治理困难增加和合作社内部争端频频发生，劳动生产核算的组织层级不断下降，最后建立在生产队层级上，但生产资料的所有权还是归属于人民公社。之后尽管不断调整，"三级制度，队为基本"的主要形式仍长时间存在。同时，在 20 世纪中期我国逐步制定了户口制度、市区工作制度、购买物品票据制度、排异性市区福利制度等作为中心的管理系统，制约城市、乡村人口互相转移和流动。城市、乡村互相分类制度使得国家在进行国家收入配置时，只花费了短暂的时间就迅速完备了种类多样的市区工业组织。

新中国成立之后乡村土地管理制度变革的主要趋向，是农民对于土地的排异性持续下降，政府权力逐步渗透使农民权利"残缺"。在土地改革时期，政府仅仅对土地使用权、盈利和转移使用权实行约束和干涉；合作社时期，国家彻底否决了农民对于所属土地的权利；合作社时期大规模地推动公有形式，使用生产材料都交由合作社一起计划管理，其目的是完成从集体到整个社会所有的进程。国家促进鼓励公有形式从起初是人民自愿的行为到最后成为逼迫形式。截至1957年，农民还基本拥有自愿退出合作社的权利，合作社的兴起完全夺取了农民的这项权利。它不但违背了生产力进一步发展的内部需求，也违背了全体农民的心意。合作社和大跃进行动狂风暴雨般地兴起，致使了 1959~1961 年非常严重的农业领域危机。3 000 多万人因为饥饿而死亡或未能出生，很大部分是由于营养不足引起的病痛造成的，这是迄今为止全球历史上最严重、最具破坏性的饥荒。之后，为恢复农民的主动性和热情，中央政府向后退了一步，农村土地制度从初级社到高级社接着合作社的公有不断加强的变革过程后，从合作社变回大队，接着是生产队，最后长时间维持着初级形式。合作社时期，提升乡村生产力的方法，不再是设法建设和完备鼓励机制，目标却是提升人们的意识素养，着重利用"大寨"等实例来增长农民对劳动的热情。因为无法挣脱意识方面的规则束缚，农村土地制度变得守旧、僵化。

仅有 2.6% 的农业总产值年均增长率以及一直处于停滞状态的农民生活水平使得"人民公社时期"（1958~1978 年）顺理成章地成为我国农业发展最为缓慢的 20 年，甚至是退化的 20 年。在有限的时间内利用阶级斗争的方式推进全盘集体化，促进"现代大农业"的产生，进而使得农业生产率和产

量快速提高，最终工业化进程能够得到迅速发展，构成了
"斯大林模式"的主体内容，而"斯大林模式"是造成党的
领导人对土地方面的有关问题产生误区的罪魁祸首。农业发
达程度、公有化规模、经济的走势三者之间相互促进、相互
制约的关系是当时中国共产党领路人普遍认同的思想。随着
自身的急剧变化，"人民公社制度"所有制形式和管理体制
焕然一新，但其在发展农业生产力方面依然无能为力。在平
均主义、大锅饭等党的错误路线引导下，农民的生产积极性
降到了历史谷底，与此同时，全民热捧的"机会主义"大大
增加了监督、组织的成本，进而使得农村经济变得"千疮百
孔"。

四、家庭联产承包责任制时期农村土地制度

中共十一届三中全会是中国农业历史上的重要转折点，
与会者对将"解放思想、实事求是"作为党的指导理论，实
现现代化作为开展重点的决策达成一致共识。1978 年 11 月，
"家庭联产承包责任制"诞生，作为中国农业里程碑的"大
包干"做法首次由安徽凤阳小岗村的多位农民提出，在制度
的确立和实行过程中，中国共产党领导人的表现得到了人民
的一致认可。1980 年 5 月 31 日，家庭联产承包责任制得到关
键支持，当时的国家领导人邓小平同志在收到关于分开承包
村内土地做法的详细介绍之后，对其赋予高度评价，并且在
公开场合表达了要将其推向全中国的美好夙愿；在后来的
《关于进一步加强和完善农业生产责任制的几个问题》《全国
农村工作会议纪要》等多个重要文件中，家庭联产承包责任
制都被提及并且获得了当时众多中国共产党领导人的支持、

肯定，也由此产生了重大进展；1983 年，《当前农村经济政策的若干问题》的公示宣告了家庭联产承包责任制理论总结的正式完成；1984 年年初，随着《关于 1984 年农村工作的通知》的下发，土地承包的期限终于得到明确规定，在此之后由于时代的变化，土地承包的期限随之发生适当的变化；1985 年，党和国家领导人决定发布实施《关于进一步活跃农村经济的十项政策》，这同时也宣告了"家庭承包责任制"成体系化目标的达成；1986 年 6 月，《中华人民共和国土地管理法》颁布，其中对家庭联产承包责任制作出明确、详细的规定，这使得"家庭联产承包责任制"有法可依。随着分开承包村内土地方式的推广，家庭联产承包责任制度初具规模，分开承包村内土地方式长期化之后，家庭承包责任制度才算正式形成。

改革开放初期，"家庭联产承包责任制"主要是为了填饱人民的肚子；20 世纪 80 年代，"家庭联产承包责任制"主要是为了提高农业生产力；20 世纪 90 年代以后，其广泛的适应性和旺盛的生命力得到了党内领导人的重视；1998 年，"家庭联产承包责任制"正式被收入到《中华人民共和国宪法》中。由我国农民建设的"家庭承包责任制"，一方面体现了中国共产党始终坚持群众路线，尊重农民群众首创精神；另一方面更重要的是，其引发了中国农村划时代的改革。

为提高农民的积极性，我国现在实行的家庭承包责任制，是以家庭为单位，自主经营为基础，农民对土地有转让、出租、转包和入股等权利，并且，农民可以对剩余产品随意处理、自由支配，这就提高了农民农作的积极性，家庭承包责任制把土地所有权和经营权分开，使农民和生产资料相结合，统一集体经营与家庭经营相结合，二者一同进行。随着家庭承包责任制的确立以及它的逐步完善和改革，我国的粮食产量极速增长，1982 年我国粮食产量高达 3.5 亿千克，1983 年粮食产量又上升到 4 亿千克这个更高的台阶，增长速度比从新中国成立到 1987 年的任一阶段都要高。家庭承包责任制的实行，使我国农作物的产量大大增加，在 1978~1984 年短短几年里，农作物产量上升 42.23%，而家庭承包制所占比例高达 46.89%。对城市居民来说，他们的原有利益没有受到损害，同时也可享受到更多的农产品，所以，这种制度受到了城乡居民的共同支持。

在改革开放初期，政府为保证农民土地产权排他性的完整以及政策能有效执行，使得农民的土地收益权得到充分保护，实施了家庭承包责任制。这一制度使得农业产量超额增加，土地资源的利用率大大提高。从 1984 年起，我国改革的重心从农村转移到城市，农民在土地的利用、转让、收入等方面受到威胁，产生了除农民以外其他的利益体，所以，排他性也就受到了来自国家和集体经济组织的干扰。在此制度中，按照我国法律农民拥有对土地的所有权，而国家是农村土地的最终拥有者。

在我国，对于农村政府来说，其获得的税款主要来自土地的收益，并且，政府有权利把农村土地改为城市建设用地，以此来增加土地的收益，只有政府有这一权利，所以，各级政府都很乐意去管理土地收益的分配问题，这一情况就使得农民自主管理土地的权利受到限制，改为由基层组织与地方共同决策，而最终的结果就是，基层组织有了越来越大的土地管理权力，相应地，村委会反复调整农村土地的分配关系和土地流转的限制问题。同时，我国实施的分税制也提高了地方政府征税的积极性，并且，政府也积极分摊对农村的公共管理和建设费用。在这种情况下，农民所签订的承包经营合同已经不能保护农民的利益，相反，成了地方政府侵犯农民利益的工具。我国实施的发展乡镇企业管理的制度及深化"三农"体制环境改革的政策都不能完全弥补土地排他性给农民带来的损失，农业产量在短期急剧增长后，又渐渐变缓。

自改革以来，我国在土地方面所制定的政策是依据当时的情况而制定的，大体可以分为两个阶段，一是 1978~1999年，我国实行农业生产责任制，并完善此制度，逐渐确定了"土地集体所有、家庭承包经营、长期稳定承包权、鼓励合法流转"的新型土地政策。二是 2000~2008 年，国家通过制定法律来完善土地制度，并对土地的征用制度和农村建设用地制度进行深入研究。在农村土地制度改革变化的 30 年里，我国把农民自主创新和国家大力推行结合起来，使得土地制度能更好地完善及实行，有关土地的法律更加完备。实行这个制度，一方面能实现对土地所有权的合理使用，另一方面又能充分维护好农民的合法权益，让农民能够长期拥有对土地的使用权利。在《农村土地承包法》中规定了下列内容：农民有权对所承包的土地按照法律进行转让，农民可以长期使用土地，并坚持土地集体所有不变和家庭经营不变的原则；集体经济组织也有对荒地荒山等的经营开发权；对弃地进行合理改革；坚持经营规模适度；土地经营规模要与流转经营主体的生产经营管理能力相适应。

第三节　中国农村土地制度变迁的经济绩效评价❶

土地是农业生产的基础，土地制度是农村经济发展的基础性制度。根据制度经济学理论，制度总是以特定阶段社会经济发展的现实来作出安排，并通过不断地调整和转化从而对社会经济的发展产生影响。

土地制度既在各种程度上鼓励了农民，对农业发展所需物品的使用有极大的推进作用，又增加了土地的产量。由于土地制度有所差异，农业发展所需物品的使用与产量形成的比例差别很大，因而对农村经济的发展在不同程度上产生了促进作用。根据产生的这些促进作用，以及 1949~2008 年的资料，能够运用总量指标评价——对不同土地制度时期农作物产量的发展趋势进行剖析与弹性系数评价，依据对不同土地制度下农民、土地等生产必需品的产量比例进行评比的科学依据，对我国农村土地制度改变和迁徙所产生的经济利益进行评价。如果运用柯布—道格拉斯生产函数和制度经济学理论来看，农作物产量的高低和经济发展的快慢不仅仅是由于制度的抑制，最重要的是由于本钱和劳动者的缘故。

一、评价方法

1. 总量指标评价

对于有所差异的土地制度，投进不一样的生产必需品，

---

❶　赵宁，张健. 中国农村土地制度变迁的经济绩效评价［J］. 制度建设，2012（9）.

所得到的农业产量也不一样。农业产量和它的增加速度是总量指标评价中评价农业生产总量使用的依据。经过 1949 ~ 2008 年的农业发展，依据农业产量总和它的增加速度及采集的资料分析，可知农村经济发展较为迅速，我国农业产量总量也逐步提高，但土地制度的改变和迁徙也导致了农业产量不可避免的改变。

新中国成立以来，我国经济增长速度越来越快，制定的一些经济制度有力地促进了农村经济发展和城镇化建设。1956 年后，农业生产水平越来越高，同时随着我国新型农业模式的不断开展，农业总产值翻了一番，从新中国成立初期的 279 亿元激增至 515 亿元，短短的 7 年间年均增长幅度达到了 9%，可见当时的农业生产跨步巨大。细分 7 年的增长幅度，我们发现，在新中国成立的第一年增幅为 17%，达到了一个峰值。从 1948 ~ 1977 年的 20 年间，我国的农业总产值进入了一个缓慢增长的阶段，主要限于农业技术水平、农业人口、国家政策和农业区域发展差异等因素，增长幅度年均约 4%，部分甚至年份出现了负增长。1959 ~ 1960 年，这两年的情况较为不好，负增长幅度较上年为 8% ~ 10%，这和当时的整体政策倾斜和发展路线有一定的关联，而在 1978 年后的 20 年里我国农业生产总值又进入了一个快车道，年均增长幅度超过了 10%。

2. 弹性系数分析

资本主义社会与社会主义社会的政治、经济体系有很大差异，因此在具体分析时要结合不同国家体制下的土地制度进行综合考量。根据相同的生产要素，即使投资生产条件状态是一致的，其生产亦会有所差异，如此状态便为生存的弹性变化。透过分析乡村经济进步和运用的真实状态，透过生产函数法能够列出方程 $Y = f(R, L, S) = SR\alpha L\beta$，在函数中两边取对数，表示为 $\ln Y = \ln S + \alpha\ln R + \beta\ln L$，在这个函数中，$Y$ 代表的是我国的农业生产总值；R、L、S 分别代表的是土地耕种面积、从事农业生产的人、土地改革制度在农业经济发展中的重要影响，它是固定值。

1949～1956 年：$\ln Y = -14.2394 + 2.7907\ln R - 1.3756\ln L$

还原为：$Y = 0.0654 \times 10 - 5R2.7907L - 1.3756$；

1957～1977 年：$\ln Y = -48.2306 + 3.2582\ln R + 1.6297\ln L$

还原为：$Y = 0.0113 \times 10 - 19R3.2582L1.6297$；

1978～2008 年：$\ln Y = -27.5519 + 7.3776\ln R - 5.2267\ln L$

还原为：$Y = 0.0108 \times 10 - 10R7.3776L - 5.2267$。

通过对相关数据进行深入分析，我们可以发现，不同的时间段常数项是不同的，我们以 0.1 作为界限，1978～2008 年，这个常数项并没有通过 0.1 的显著性水平，其他的年份，常数项都通过了。

从新中国成立以来，我国实行了三次大的土地制度改革，每一次的土地制度改革都对农业经济发展产生了较大的影响，无论是坏的影响还是好的影响，它们都是为了促进农村经济发展，提高农民收入做的偿试。这些改革中农业总产值的弹性值分别是为 $\alpha = 2.7907$、$\alpha = 3.2582$、$\alpha = 7.3776$，其中劳动力的产出弹性为 $\beta = -1.3756$、$\beta = 1.6296$、$\beta = -5.2267$。1949～1956 年、1977～1978 年的劳动力弹性系数是负的，这说明农业生产总值和劳动力投入是成反比的。

1978～2008 年土地产出弹性最大，1957～1977 年次之，1949～1956 年土地产出弹性最小。

通过对政策性影响因素 S 的分析可知，1949～1956 年土地制度受政策的影响是最大的，土地制度与政策的关系也是比较密切的。1978～2008 年土地制度受政策的影响次之，1957～1977 年土地制度受政策的影响最小是最小的。这也说明了 1949～1956 年农村经济受土地制度的影响是比较大的，它们之间的联系是比较密切的。1957～1977 年农村经济受土地制度影响比较小，它们之间几乎没有联系。

二、结论

为了更好地促进农村经济发展，我国实行了土地变迁制度，但无论制定什么样的土地制度都要符合农村经济发展的实际要求，一切违背实际需求的制度都是不合理的、不正确的。土地制度是否合理、正确要在实践中得到验证，实践是检验制度合理性的最重要标准，如我国在 1949～1956 年，实行了土地分配制度，这个制度符合新中国刚刚成立时农村经济发展的需求，所以发挥了良好的作用，从而促进了促进了农村经济的发展。可是我国在 1957～1977 年实行的土地制度却没有发挥好的作用，该时期以土地制度没有按照农民的需求来制定，违背了农村经济发展的基本规律，不但没有促进经济增长，反而使农村经济出现了倒退。从 1978 年到现在，我国在促进农村经济发展方面做了不少尝试和努力，实行了家庭联产承包的土地制度，尽管比 1957 年实行的土地制度要好，不过依然有一些问题有待解决，这些问题阻碍了农村经济的发展和生产总值的提高。

农村经济的发展，呼唤实行土地制度改革。在 1949～1956 年我国实行了土地平均分配制度，将一切权利都集中于农民身上，农民参与劳动的积极性虽然提高了，可是整体的生产效率依然很低；随后的集体土地制度改革不符合农民需求，农民们的生产积极性不高，实践证明，过度的公平和平均只会阻碍经济的发展；1978 年以后，国家实行了家庭联产承包责任制，农村经济虽得到了快速的发展，但仍然存在一些问题，农村经济的发展速度依然很慢。

我国在农村经济发展的不同时期制定了不同的土地制度，提高农村经济发展水平就要努力完善土地制度，只有符合时代要求的制度才是合理的制度。我国应该从以下方面考虑土地制度的制定问题。

（一）改革方式

实行农村土地制度改革应将理论和实践相结合，在原有理论基础上，根据一直以来中国实行的土地制度改革的经验，可以发现，只有土地改革符合农村经济发展的实际需求，才能更好地促进农村经济的发展。

实行土地制度改革尽量不要采取强制性措施，因为这可能违背农民的意愿，出现一些偏激的行为，是不利于社会稳定和谐的；而且一些强制性制度变迁往往不是通过交流、协商产生的，而是和决策者一个人的独断有重要关系，它还可能不符合经济、政治发展的需要，和实际情况相违背。

诱致性改革和强制性改革有所不同。诱致性改革也是非常重要的土地改革方式之一，它往往和农村经济发展的外部环境有重要关系，这种改革的变迁时间明显要比强制性改革长，过长的时间是不利于发挥制度的最佳效用的，这也是其存在的弊端之一。这种改革还有一个特点是框架性比较强，但创新性不强，因此带来了一些不稳定性因素，该制度也有待改进和完善。

局部实验性改革相对于前两种改革方式更加切合实际，

它已经成了我国土地制度改革中的合理方法之一。实行土地
制度改革，政府责任重大，它不仅要制定合理的土地制度改
革策略，还要切实了解农民所需和农村经济发展需要，在实
行局部实验性改革方法的同时，再结合其他的土地制度改革
策略配套实施，有利于进一步完善土地改革制度，促进农村
经济发展。

(二) 改革重点

无论进行哪种方式的土地制度改革都要切实保障农民的
利益需求，按照他们的根本需要来进行改革。从历史经验教
训中我们可以发现，农民的积极性是否高，是否满足农民需
求是土地制度改革成败的关键，所以在实行土地制度改革时
最基本的前提就是满足农民需求，调动他们的劳动积极性。
为此，应切实了解农民的根本利益是什么，农民是依靠土地
生产生活的，土地寄托着他们的希望和对美好生活的向往，
如果制定的土地制度不利于农村经济的发展，农民就会不乐
意；危害了农民的根本利益，农民的生产积极性就不高。而
且，农民热爱土地，他们能从土地中创造财富，所以在实行
土地制度改革时应该充分尊重农民的创造性，敢于创新、勇
于探索，决策者多听听农民所讲，多考虑农民所思，尽量满
足他们的合理化要求，这是促进农村经济发展的重中之重。

土地资源是有效的，制定的土地制度一定要以提高效率
为基本原则之一，另外兼顾公平、公正的原则，我们实行土
地制度改革就是为了实现土地资源的有效配置，使农民过上
富足的生活，所以制定的土地制度应该具有创新性。土地制
度改革应建立相应的激励体系，提高农民参与的积极性，使
农民辛勤的劳动可以得到丰厚的回报，大大提高土地生产效

率。合理配置不同的农业生产要素，实现规模效益，促进机械化生产的进行，真正促进农村经济发展水平的提高。除此之外，土地制度改革一定要兼顾公平的原则，虽然我国幅员辽阔，但是我国是个人口大国，人均耕地面积小，各种原因导致了农村经济的落后，如何协调好农民利益和社会利益是值得土地制度决策者们慎重考虑的事情。

在农村地区实行土地制度改革不是一句话的事情，也不是单方面的事情，它需要兼顾多个方面：第一，尽最大可能解决农村土地所有权问题，清晰地规定土地归谁所有，制定相应的法律措施保证相关政策的落实。第二，实行土地改革的目的是为了增加农民收入，寻求一个合理的土地经营模式，以达到促进经济发展的效果。第三，一定要注重土地管理制度的改革，明确不同的责任主体，明确责任主体在享受权利的同时还要履行相应的义务，以最终实现农村经济的稳定发展。

第四章

我国城镇化发展阶段性与
农村土地制度变革

　　我国的城镇化发展经历了多个阶段：第一阶段是 1978～1995 年，我国大力发展乡镇企业以增加就业。乡镇企业就业人员几乎都是非农村户口，解决了我国大部分的就业问题，并且城镇化率得到了大幅度提高，大约每年提高 0.64%。第二阶段是从 1996 年开始的，到 2012 年结束，每一年的平均增长速度是 1.91%。很多农民来到城市，他们没有城市户口，没有稳定工作，这在某种意义上不利于社会的和谐稳定，一些矛盾有待解决。第三阶段是从 2013 年开始的，我国政府创新了农业发展理念，实行新的土地政策，大力进行城镇化建设，在保量的同时更保质，在提高土地生产质量的同时，促进农民增收的方式不是让他们都来城市工作，而是让他们不

离开家就能就业，就可以享受到城市里的生活，这是一种经济发展观念的创新，也是一大进步。❶

随着经济社会的发展，必然会推进城镇化建设，它关系到农村向城镇化的发展，关系着国民经济的繁荣。❷ 实行土地制度改革和农民切身利益息息相关，和经济社会发展密不可分，在制定农村经济制度时一定要兼顾多个方面，努力推进我国城镇化进程。我国初次进行城镇化建设是在 1949 年，经过多年的努力终于取得了显著的成绩，这与全国人民的齐心努力是分不开的。❸❹ 1949 年，中国在农村实行了土地制度改革，尝试不同方式的创新，给农村经济发展带来了鲜活的生命力。农村土地改革和城镇化建设之间存在怎样的联系，他们各自的发展规律又是怎样的，本书将对此进行相关研究，积极探求促进两者发展的方法和途径。

2012 年是一个改革年，这一年最重要的议题是"我国城镇化进程如何走"。2012 年重点在于打破了二元户籍制度，使"居民户口"取代了农业户口与非农业户口。2012 年 5 月 3 日，李克强总理在"中欧城镇化高层论坛"就中欧城镇化合作发出明确的信号，在"十二五"要推进中国城镇化的改革。在中国城镇化面临两个问题：一个是户籍制度改革，另一个是土地制度改革。中国的城镇化进程不仅伴随着人口向城市的进入，同时伴随着土地城镇化进程。土地城镇化进程在国外不是问题，因为土地属于私人所有，它是政府、企业、

❶　刘忆如. 引进民间资金参与是新型城镇化的关键［N］. 21 世纪经济报道，2014-8-14.

❷　仇保兴. 中国城镇化：机遇与挑战［M］. 北京：中国建筑工业出版社，2005.

❸　刘新卫，吴初国，张丽君. 中国城镇化健康发展的土地利用策略［M］. 北京：地质出版社，2008.

❹　宋戈. 中国城镇化过程中土地利用问题研究［M］. 北京：中国农业出版社，2005.

私有产权所有者博弈谈判的关系，但在中国却不是如此。根据我国宪法、民法通则、土地管理法规定，土地属于国家或者集体所有，土地的国有化不利于土地所有权的私法功能的发挥，集体土地所有权人只能对本集体成员分配集体土地承包经营权，不能擅自出卖、转让，这是我们当前改革面临的一个不可逾越的障碍。

城镇化建设的实行应该和土地制度改革相适应，促进城镇化发展，提高农村经济发展水平，增加农民收入，建设稳定、和谐社会，为我国国民经济总体水平的提高作出贡献。

第一节　世界城市化发展的 S 形曲线❶

经过了产业革命才出现了城市化，马克思曾经表示，当前的历史发展状况是乡村城市化，这是和古代不同的，这是一个崭新的时代，是一个经济不断繁荣的时代。马克思在相关论著中还论述了经济社会发展到一定时期，必然会出现城市化，城市化发展是必然趋势。

我们需要做的就是努力促进城市化进程，同时保证社会的和谐、稳定，城市化进程的重要特点体现在阶段性和持续性方面，所以应该加快城镇化发展的脚步，从国际上以往的城市化发展经验中吸取有价值的内容，努力推进我国城镇化进程。

---

❶　焦秀琦. 世界城市化发展的 S 形曲线 [J]. 城市规划, 1987 (2)：34.

一、S 形曲线的提出及数学模型的推导

美国的科学家诺瑟姆（Ray. M. Northam）认为应该努力提高一国城市化水平。他把城市化水平概括为一个不规则的 S 形曲线，但并没有在此基础上建立相应的数学模型，缺乏更有力的论述。

在 S 形曲线中 P 代表一个地区的整体人口数量，U 代表的是城市人口，R 代表的是农村人口，Y 代表的是当前情况下这个城市发展状况，一个城市的发展水平高低可以用它的城市人口数量和总人口数量进行相除，得到的比就是该数据，定义式为：

$$Y = \frac{U}{P} = \frac{U}{U+R} \qquad (1)$$

Y 的全微分为：

$$dY = \frac{\partial Y}{\partial U}dU + \frac{\partial Y}{\partial R}dR$$

$$= \frac{R}{P^2}dU - \frac{U}{P^2}dR$$

$$= \frac{1}{P^2}(RdU - UdR) \qquad (2)$$

下面的定义式代表的是城市人口变化情况和农村人口变化情况：

$$dU = Ur_U dt \qquad (3)$$

$$dR = Rr_R dt \qquad (4)$$

上述式子中，t 表示的是时间，R 表示的是城市人口增长率，r 代表的是农村人口增长率，即包括机械增减引起的人口变动。

把（3）（4）式代入（2）式可得：

$$dY = \frac{1}{P^2}(RUr_U - URr_R)dt$$

$$= \frac{UR}{P^2}(r_U - r_R)dt, \quad 即$$

$$\frac{dY}{dt} = \frac{UR}{P^2}(r_U - r_R) \tag{5}$$

由于 R 和 r 都是随时间 t 变化的时变量，可令：

$$r_U - r_R = K(t) \tag{6}$$

则（5）式化为：

$$\frac{dY}{dt} = K(t)\frac{UR}{P^2} = K(t)\frac{U(P-U)}{P \times P}$$

$$= K(t)Y(1-Y) \tag{7}$$

从上式中我们可以发现城市化发展水平受多种因素的影响，认清这些因素有利于更好地促进城市化发展。

通常情况下，城市人口增长率比较低，农村人口增长率比较高，可是由于进城务工的农民比较多，所以就造成了农村人口向城市流动的现象，而且随着农村经济的发展很多农村渐渐发展成为城市，由此就导致了城市人口总增长率变大的情况。

城市人口不断增长一方面是由于大量农村人口向城市流动导致的，另一方面还和国家的政策制度、交通便利性、环境因素等有关。有些城市资源丰富，各类产业发展速度快，给很多人提供了就业机会，这也会促进该地区的人口增长。总之，影响城市人口增长的原因非常多，我们在分析的时候必须综合考虑。为了更好地反映影响城市人口增长率的各因素之间的关系，我们用下面的函数表示：

K（t）$= f$（经济因素，政策因素，地理因素，自然因素，……）

如果国家政策比较稳定，经济社会的发展也比较稳定，那么城市人口增长率也不会有大的幅度变化，这体现了国家政策对城市人口增长率的重要影响。

$$K(t) = r_U - r_R = K \qquad （8）$$

结合上列式中我们可以看到，如果 K 值保持不变，那么城市化发展速度和 Y、$(1-Y)$ 的乘积成正比，这表明了他们的正相关关系。也就是说城市化发展质量高，就有实力获得更好的发展。另外，非城市户口的人来到城市务工，渴望得到城市户口，这会从一定程度上促进城市化进程，因此，在促进城市发展的过程中应该在这两方面多做努力。

实现城市化的过程中，城市的拉力和农村相比并不大，这就造成了 Y $(1-Y)$ 的乘积较小，这不利于城市经济的发展，当城市化水平达到一定程度时，城市的拉力会变大，与此同时，农村的推力变小了，这也会降低城市化发展速度。除了这两种情况，就是城市化进程处于中期阶段时，两种力量都很大，都有利于促进城市化发展。

使用微分方程来对不同的变量进行分解，从而得出相应的结论：

$$\frac{dY}{Y(1-Y)} = K(t)dt = Kdt$$

$$\frac{dY}{Y} + \frac{dY}{1-Y} = Kdt$$

$$\text{In}\frac{Y}{1-Y} + \text{InC} = Kt$$

$$\frac{CY}{1-Y} = e^{Kt}$$

$$Y = \frac{e^{Kt}}{e^{Kt}+C} = \frac{1}{1+Ce^{-Kt}}$$

（C 为积分常数）   （9）

这就是城市化发展的 S 形曲线的数学模型。曲线的形状如图 4-1 所示。

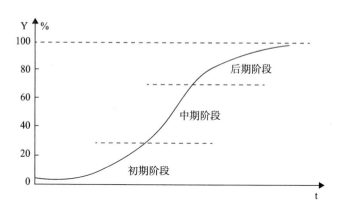

图 4-1　城市化发展的 S 形曲线

（9）式会根据 K、C 的变化而变化，得到的 S 形曲线变化趋势也是不同的，从 K 数值中，我们可以看出城市化增长速度，如果 K 值特别小，那么表示城市化进程越慢，C 表示

的是城市化起步时间，它的值大，说明起步的时间比较晚。❶

　　通过对不同国家的城市化发展趋势进行比较，我们可以发现，城市发展和工业是相辅相成、相互促进的关系，每个国家的城市化进程起步时间都不同，速度也不同，共同点是都可以用 S 形曲线来表示发展趋势，它们都要遵从这些基本规律，任何一个国家也不例外，很多国家的城市化发展起步比较晚，可是城市化发展速度比较快（见图 4-2）。

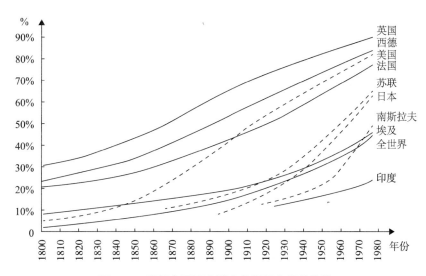

图 4-2　世界主要国家城市化发展曲线的比较

注：虚线表示城市化发展速度比较快；

　　　实线表示城市化发展速度相对较慢。

❶　焦秀琦 . 世界城市化发展的 S 形曲线［J］. 城市规划，1987（2）：34.

第二节　我国城镇化进程的阶段性分析

新中国成立以后，我国的城镇化发展取得了显著进步。但受限于当时的国家法规和农村土地管理政策，城镇化进程也不是一帆风顺的，它在发展过程中也面临了各种各样的问题，我们可以将发展过程分成不同的阶段进行分析。

一、恢复和初步发展阶段（1949~1957 年）

第一次土地改革的胜利，使农民真正成为土地的主人。农民们充满希望地耕种土地，在土地上播种希望和未来，这从较大程度上激发了农民的生产积极性，解放了长期被束缚的农业生产力。1953 年之前，新中国实行的土地制度改革对于助力乡村经济进步有非常显著的积极意义，农民增收了，也促进了社会的和谐、稳定；很多农产品大幅度增产，如棉花和油菜籽等。该阶段实行的土地改革，不仅提高了资源配置率，而且还提高了农民生产水平，很多农村劳动力有了自己的工作，不再闲散、游荡，很好地促进了社会稳定。同时，这一阶段提出的恢复国民经济、医治战争创伤的阶段性任务，恢复了城乡的生机和活力，将我国第一次城镇化推向高潮。

在我国实行土地入股政策是在 1953 年以后，这是新中国成立以来进行的第二次土地改革，把农民个人所有制变成了集体所有制，过度的公平使一些人产生了惰性，农民的劳动生产积极性降低，因为无论是积极劳动，还是消极劳动，得到的都是一样多。不过从整体上来讲，这次举措还是存在很多优势的，因为它不仅促进了我国农村经济的发展，还加速了城镇化进程，促进了很多农村人口向城市流动，而且提供了更多的就业岗位，促进了社会稳定，减少了不安定因素。

1949~1957 年，我国对城市进行了扩建，一批批城市建立起来。截至 1957 年我国的城市扩建到了 176 个，增长速度非常快；城市不断扩建的同时，人口数量也迅速增长，城镇人口数量在 1949 年是 5 770 万，到了 1957 年达到了 9 950 万；我国的城镇化水平越来越高，到了 1957 年，我国的城镇化水平达到了 15.39%，该百分比城镇人口数量占总人口数量的比例，反映的是城镇人口增长速度。城市人口的增加也促进了城镇化进程的加速，这些人成了推动城市发展主要动力，而且城市人口数量增加也表明了我国在促进城市经济发展的过程中取得了显著的成就，为增加就业、促进社会稳定作出了不可估量的贡献。

二、在人民公社时期陷入迷途（1958~1966 年）

我国农业发展的道路是不平坦的，有时会很畅通，但有时充满荆棘也是可能的。从 1958 年始，受"左"的思想引导，我国的城镇化建设步入了一个盲目发展阶断，极大地影响了农民的生产积极性，损坏了农民的利益。这与城镇化建设没有考虑我国的国情，没有遵守经济发展的客观规律有关。这种体制注定会影响农村经济的发展，会严重阻碍社会的进步。农村土地实行的是单一产权制度，由于是集体耕种，劳动监督成本也比较高，组织成本也很高，对农业发展最不利的是劳动激励制度不完善，不能调动农民劳动的积极性，严重影响农民的劳动效率。这些都直接降低了农业生产供给的效率。举一个粮食生产的例子，1958～1960 年，全国粮食产量由原来的20 000万吨减少为 14 350 万吨，这种数量的变化造成了粮食短缺，当时城镇中有2 400万人的口粮短缺。在这期间，国家积极采取解决问题的办法，通过对生产制度的局部调整，才稳定了局面，在一定程度上调动了农民的生产积极性，我国的农业生产水平也开始慢慢地恢复、发展起来，粮食短缺问题才得到了改善。

"文革"对社会的各个领域都有严重的影响，尤其对经济方面的影响是最大的。由于"文革"和人民公社化运动，国内农业生产的增长速度是非常缓慢的。这一点有事实证明，就在1978 年，虽然刚改革开放，当时的全国人均粮食占有量却和1957 年的数量接近，当时全国农村没有解决温饱问题的有 2.5 亿人。

土地制度的调整自身存在滞后性，导致农村经济的发展也是大起大落，在整个人民公社化时期，农村经济发展几乎陷入误区。1958～1960 年，城镇有 2 352 万人口属于净增人口，每年有 8 座城市是新开发的，城市化速度年均上升1.46%。但如此进步和农村的城镇化进程完全脱离，是违背自然规律和经济发展规律的，它不能一直持续下去。为了更好地促进农村经济发展，我国在 1961 年制定了调整农村经济发展的政策，通过努力新增城市 25 座，城镇化水平得到了较大幅度的提高，而且到 1964 年我国的城镇化发展有了一个好的转折，这和国家实行的新政策是分不开的，在政府部门的大力扶持下，城镇化发展速度越来越快，人口数量也不断增加，到 1965 年城镇人口达到 13 045 万。到了 1966 年，城市数量增长速度变慢了，人口数量也出现了缓慢增长，无论是城镇人口还是全国总人口的增长速度都比 1949 年缓慢了很多，这和当时实行的土地改革制度有很大关系。

土地制度改革和城镇化发展速度有密切的关系，如果实行的土地改革制度不适应农村经济发展需求，那么就会阻碍城镇化建设，影响城镇化发展速度。在集体所有制下，农民没有生产的自主权，在劳动过程中，没有干活的积极性，感觉干与不干一个样。在这期间，国家出台一些政策，在户口迁移制度和粮油供应制度等诸多方面，将城市人口和农村人口分离，导致大量的农村人口滞留农村，严重阻碍了城镇化的发展。

三、恢复及发展期（1978 年以后）

家庭联产承包责任制的建立，促进了城镇化的发展。十一届三中全会后，我国的农村经济最先改革，使得中国城镇化进入了一个新的发展阶段。尤其是城乡集市贸易开放政策的实行，一大批农民开始进城开店，大办工厂。这些政策，使农村的非农业化有了突破性进展，为我国的城镇化发展奠定了坚实的基础。

家庭联产承包责任制，为农民的生产积极性注入了活力，让农民在进行耕作过程中能够积极发挥主动性，而不会像以前一样被动地去做。这种变化对于提高劳动生产力是十分有帮助的。劳动生产力提高，人们的生活水平也会得到很大的提高，与农业相关的其他产业也会随着得到发展，我国人民的生活才能真正进入小康水平。国家落实家庭联产承包责任制,以此缓解农户积极性受到的影响,促进土地高效运用以及乡村经济发展,同时也减少了社会的不安定因素。当然任何事物都有两面性,家庭联产承包责任制也存在局限性,具体表现在:①土地产权不明确,土地关系混乱。按照《土地管理法》规定,农村土地属于"集体所有"。但事实上是国家集体双重所有。国家通过强硬的法律手段和政策手段,严格限制集体土地的处分权,严格控制土地的经营过程,严格控制土地承包期限。农民对于土地只享有使用权,使得农民不能自由处置土地。这样一方面限制了农田的规模化经营,另一方面也限制了农民的生产积极性及其选择谋生方式的自由。甚至许多地方都出现了大片的田地被荒芜的现象。大量农民外出打工、中青年劳力不足而导致的土地抛荒、弃耕等问题。②农民进行技术创的积极性低,技术进步慢。农业的技术创新具有规模效应,创新投入很大而传播相对较容易,因而在家族联产承包责任制下,一般农民很少有积极性进行技术创新。同时,由于单个农户的生产规模较小,技术革新带来的效用并不是很明显,而学习技术是要付出一定的学习成本,这种情况下,农户的学习积极性很低,从而导致这个农业的技术发展缓慢,平均土地产量难以得到很好的提升。③难以形成规模经济。家族联产承包责任制条件下耕地的条块分割不利于经营的规模化。一家一户小规模的生产经营,交易方式落后。由于势单力薄,谈判资本弱,难以保护自身利益。

2002 年以来,中央政府对于统筹城乡经济社会发展出台了相关政策,并且对此高度关注,推动我国的城镇化发展进入到城乡统筹的新时期。这表明我国的土地制度改革面临着新的机遇和挑战,能更好地加快农村经济的发展及城镇化进程的发展。我国城镇化发展进入到城乡统筹的新阶段，政府对我国统筹城乡经济发展十分重视，我国的农业迎来了发展机遇；而农村土地制度改革不仅面临新的机遇也面临新的挑战。到 2008 年，我国人口数量依然在不断增加，城市化水平达到了一定水平，这段时期的经济获得了快速发展，新增城市数量达到了 19 234 座，城市规模也与此同时也得到了扩大，这表明我国城镇化发展将会持续一段时间，并不断进步。在政府对我国统筹城乡经济发展的扶持下，我国的城镇化进程会不断地加快，不断地有所突破，将会促进农业的发展。

第三节　农村土地制度改革的必要性和紧迫性

随着我国生产力的不断发展，我国的土地制度也应该不断进行改革。我国是农业大国，土地制度对农业的发展有重要的影响。在进行土地制度改革过程中应该认真根据我国的国情来研究适合我国农业发展的土地制度，这样才能不断促进我国农业的不断发展。国家应该重视土地制度的改革，真正从人民的利益出发，制定出符合经济发展的土地制度。在计划经济时期我国农村的土地制度是以"户地制"为主，大多是小农经济为主的"一家一户制"的生产模式，当时限于国情和指导思想的落后令生产力的发展十分的缓慢，而随着我国城镇化步伐的不断延伸，劳动力、资金等生产要素出现了大幅度的转移，从农村向城镇的这种转移可以说在一定程度上阻碍了农村经济的发展，同时很多区域性过度的劳动力和资金的转移在发展伊始有着一定的盲目性，故而需要就策略的发展进行充分的实践和理论研究，从而提高经济发展的速度和满足一种良性需求，要根据地方经济特色从宏观的调控来获得农村土地制度改革。

在不同的时期应该有不同的制度来指导经济的迅速发展。实行土地改革应根据实际需求，不一样的时期，经济发展需求不同，农民的需求也不同，所以制定的土地改革制度也一定要符合这个时期的需求。起初实行的土地改革制度是为了解决温饱问题，后来人民的温饱问题基本得到了解决，又希望过上小康生活，为此国家又进行了新的改革，努力帮助广大人民群众过上幸福的小康生活，以此类推，只要是符合人民正常需求的，国家都尽量满足，都尽量使制定的改革制度符合人民群众的需求。虽然在 2008 年，我国的土地改革制度成绩并不显著，但这至少是一次伟大的尝试，并从实践中获得了经验教训。早在 2002 年国家已出台了相关政策，目的是保护农村土地承包关系，这是从法律的角度来明确土地改革制度的重要性，有利于土地改革制度的有效实施。新形势下，传统的土地制度已经不能适应经济的发展，一些问题显现，我们就必须认清，从多个角度进行分析，了解影响农村经济发展的因素和农民需求，制定合理的适应时代发展的土地改革制度。

随着城镇化进程的不断加快，现行的土地制度已不适应当前社会的发展，国家应该及时解决。为了促进城镇化进程的发展，应该从以下几个方面进行土地制度改革。

（1）进一步明确保护承包土地产权。现行的土地制度将所有权归于虚无的集体，极大损害了农民的利益。因此，调整要从维护家庭联产承包关系入手，降低集体所有权利，加强农户的应有权利，保护农户合法权益。只有这样才能调动农民生产积极性，才能使农民为城镇化发展做贡献。

（2）探索和规范承包土地流转制度。在土地流转中，只有制度得到改善，才能促进分配的公平。采取的方式如果能够做到多样，人们的选择就会多一些，得到的保障也会多一些，劳动的积极性也会不断地调动起来。为此，我国政府部门加大了改革力度，实行了相关政策，从根本上维护了农民的利益，现在农村土地使用权流转发生率总体上仍然较低，难以实现农村土地的规模化经营，对农村向城镇化发展产生了消极影响，应该以实际情况出发，制定有效的土地改革制度，政府部门可以适当地提高流转速度，促进农民增收和农村经济的整体发展。

（3）增强农村土地制度与其他制度的关系。政府制定实施的各项制度对我国社会发展具有至关重要的作用，"消除不利于城镇化发展的体制和政策障碍"这一决策在十六大会议中被提出，国家领导人致力于完善社会制度，尤其重视农村土地制度。如今，土地制度仍维持着旧时代的思想，无法满足新时代社会快速发展的要求，导致农村土地生产效率停滞不前，为解决这一问题，政府必须将土地制度加以创新因素进行调整。农村土地制度和其他制度的相互关系也是影响城镇化发展的重要因素。生活用地、人口户籍、社会保险、工人就业、学校教育等相互联系形成我国城镇化体系发展的前提。大量农村人口涌进城市是城市化发展的表现，应该使农民详细掌握进城要求，有制度地完成从农村转向城市的过程，这就要求政府拥有农村土地制度和城镇化制度相配套的体系。

（4）完善住房监管系统，维护个体利益。合理的地域开拓是城市化良好发展的难题，当前我国政府重视对农业用地的保护，这使城市化发展过程中地域开拓变得更为困难。一方面，随着农民不断向城市涌入，人们看到农民原农村住房用地的可利用性，所以农民原农村住房用地便成为城市化建设用地的首选目标。在开发农民原农村住房用地时，应以不损害农民的利益为主，政府可适当给予补助或奖励。另一方面，应该加速空闲土地和闲置土地的利用效率，推进城市化建设，让土地发挥其最大效益。在城乡建设过程中，政府工作人员应该严抓管理，增强创新意识，及时总结经验教训，进行土地政策改进，站在坚决不损害农民利益的立场上，解决城乡建设过程中的用地问题。

（5）稳定社会制度，完善法律法规。"要加快农村土地制度法制化建设"这一口号在《关于制定国民经济和社会发展第十个五年计划的建议》中提出，之后政府加强对法律法规的建设，制定实施了一系列关于国民经济的法律、政策，力争建设最严格的土地使用制度。农村土地制度在人们过于讲求城镇化发展进程的心态下遭受严重破坏，相关部门和个人不断挑战政府政策的权威性，动用武力推销土地承包制，霸占农民住房用地，强行拆迁等问题不断发生，损害了农民的合法权益，农民的正常生活受到严重影响。由于这些问题不能及时解决，城镇化发展被封上众多不好的名号。政府必须加大对农村土地制度管理，逐步完善法律体系，农村土地制度才会有良好的发展前景。

第四节　农村土地制度变革
对新型城镇化建设的重大影响

城镇化的发展状况对农村土地制度具有深刻的影响力。我国实行的城市土地制度和农村土地制度互相独立，土地开发市场也是独立存在，城镇土地和农村土地不能相互配合，不能实现我国土地利用的交互性。我国城镇化之所以推进不太顺利，造成了较大的城乡差距，与土地制度的安排有很大关系。首先，城镇化可以推动土地制度改革，加速农村土地制度的进一步完善，土地制度改革与城镇化进程紧密相连，城镇化进程不同，土地问题也会随之变化，由此可知城镇化对农村土地改革具有重大影响力。其次，土地也会影响城镇化发展进程，土地制度应该增加创新因素，使其满足城镇化发展需求并为城镇化营造良好的发展空间，土地制度可以决定城镇化发展的性质，为其增添新的发展机遇，相反，土地制度也会阻碍城镇化进程，为城镇化发展带来重重问题。

农村土地制度会从不同方面阻碍城镇化发展，本节主要从以下两方面进行分析。

（1）土地制度降低了农村人口向城市转移的数量。农村人口不愿意放弃原有农村住宅用地将会严重阻碍城镇化发展，由于国家对土地资源利用的重视程度不断加深，土地连年增值，导致进城农民不愿意将农村原有土地让出。城镇化进程不断深入，其面临的主要问题也会随之变化，人们已经不再担心不能迁入城市，相反，却出现人们不想迁入城市的问题。

农村人口迁入城市，由于土地制度尚未完善，导致农民原有土地不能及时有效处理，让迁入城市的农村人口无法在城市长期生活，进而降低了农业规模化、工业化的进城，严重阻碍了农业生产力的进一步发展。

（2）当前的城镇化水平受到农村土地制度的抑制，强制夺取土地增值为农民带来的利益，侵犯农民的合法权益。我国实行的土地制度由国家制定，受国家管理，由国家实施，农民缺乏发表自身的意见和看法的机会，降低了农民对土地生产的积极性，农民不能正确掌握土地增值的信息，从而造成自身的利益受损。

解决三农问题的根本途径是加快城镇化建设。随着城乡建设用地增减挂钩试点以及农村集体经营性建设用地入市，农村宅基地有偿退出等政策创新，农村地区的建设用地指标将有序流入城市，城乡用地市场的供求关系也将进一步演化，主要表现在两个方面：一是随着农业转移人口市民化进程推进，农村人口将在城市固化，乡村人口逐步减少，农村闲置土地不断增加，农民对土地的流出意愿增加。二是随着迁入地城市保障性住房和新增基础设施需求的增加，带动人口迁入地用地需求上升，导致迁入地用地指标需求增加。

我国提出"要坚持走中国特色新型工业化、信息化、城镇化、农业现代化道路，推动信息化和工业化深度融合、工业化和城镇化良性互动、城镇化和农业现代化相互协调，促进工业化、信息化、城镇化、农业现代化同步发展。"根据廖重斌、刘承良的研究，"四化"发展水平协调度依据下式进行构造。

$$C = \{ (I \times F \times U \times A)/[(I + F + U + A)/4]^4 \}^k$$

（1）

式（1）中：C 代表系统的协调度，I 代表现代化工业体系的发展水平，F 代表信息化子系统的发展水平，U 代表城镇化进程中子体系的发展水平，A 代表农业发展过程中现代化子体系的发展水平，k 为调整系数且 k≥2。

虽然，协调度 C 刻画了"四化"发展的协调性，但其难以反映出"四化"发展的水平高低，即综合效益的大小。为此，综合考虑系统的发展水平和协调水平，构造协调发展度来度量总系统协调发展水平：

$$D = \sqrt{C \times (I + F + U + A)/4} \qquad (2)$$

此式中，D 代表总系统协调发展水平。当今国际城镇建设用地水平远超我国，表明我国城镇化发展尚未成熟，很多方面需要加以改善。政府应该合理利用闲置土地，将其转化为城镇化进程中的建设用地。开拓城市化进程中的建设用地可以通过以下几种方法：处理利用城市边缘地区；合理改建进城农民的原农宅区。伴随乡村土改措施的深化，其进展条件的改变将产生变化，双向流动将更加频繁，城乡生产要素将进一步优化配置。

我国土地制度改革可能达到的状态，如表 4-1 所示：

表 4-1　土地改革方向及可能的状态

	改革方向	有可能达到的状态	较为彻底的改革状态
集体土地：明晰土地产权	集体经济组织所有权主体回归	政府、公社不能完全分开，村委会等基层行政组织与集体经济组织有交叉	政府、公社完全分开，集体经济组织独立运行

	改革方向		有可能达到的状态	较为彻底的改革状态
集体土地：明晰土地产权	优化农用地产权结构	强化承包经营权权能	占有、使用、收益、担保抵押、入股（合作社）	完整的用益物权和担保权，包括：占有、使用、收益、处分、担保
		稳定承包关系	承包期非永久，地块小幅调整，承包权与户籍不完全脱钩	承包期长久不变、地块不调整、承包权与户籍脱钩
	优化集体建设用地产权结构	强化建设用地使用权权能	经营性建设用地使用权包括：占有、使用、收益、处分、担保；宅基地使用权包括：占有、使用、收益	经营性建设用地使用权包括：占有、使用、收益、处分、担保；宅基地使用权包括：占有、使用、收益、处分、担保
		稳定集体建设用地使用权	宅基地使用权永久属于农户；经营性建设用地农户股份占有，未分配到农户单独行使使用权	宅基地和经营性建设用地都分配到农户，并拥有永久的使用权
完善国有土地产权治理结构	为国有土地建构合理的"所有权—代表权—管理权"制度		中央政府和地方政府共同行使土地资源所有者职责	国家统一行使土地资源所有者职责
国有土地边界确定	取消"城市土地＝国有土地"		城市的土地制度实行多元所有，非公益性的土地实行非国有	城市的土地制度实行多元所有，非公益性的土地实行非国有
规范征地制度	明确"公共利益"的内容与范围，严格控制征地权，遵循市场原则提高征地补偿		缩小征地范围，规范征地程序，完善对被征地农民合理、规范、多元保障机制	严格限定"公共利益"的内容与范围，严格控制征地权，遵循市场原则提高征地补偿标准

续表

	改革方向		有可能达到的状态	较为彻底的改革状态
建立城乡统一的土地市场	统一的农用地市场	完善农地流转	转包、出租、互换、转让、股份合用、抵押	转包、出租、互换、转让、股份合作、入股公司、抵押等
	集体建设用地的若干问题辨析	统一建设用地市场的范围	以土地利用规划确定的城镇建设用地范围为界	包括土地利用规划确定的城镇建设用地外的农村地区
		集体建设用地的内涵	以规划来确定，是动态的	以规划来确定，是动态的
	集体建设用地的若干问题辨析	市场的交易主体	集体经济组织	农民
		市场的交易内容	由农地所有权衍生的建设用地使用权	基于承包经营权衍生的建设用地使用权
	丰富建设用地的出让方式与期限		灵活土地使用期限、实行土地资产资本运作机制	灵活土地使用期限、实行土地资产资本运作机制
	扩大国有土地有偿使用范围		严格限定划拨用地范围，探索实行国家机关办公、基础设施、社会事业等用地的有偿使用	国有土地全部实行有偿使用
土地用途管理	土地规划与用途管制		控制建设用地总量，占用耕地与开发复垦耕地相平衡，省级区域内耕地总量动态平衡	土地规划的法制化与民主化，全国范围内统筹兼顾
	耕地保护		通过类似"地票"的机制实现建设用地总量平衡与一定程度上城乡利益统筹	耕地保护市场化

第五章

现行农村土地制度存在的问题

美国银行美林证券经济学家陆挺❶认为，中国农村的集体土地制度是城镇化的最大障碍，进一步推进城镇化的关键是农村土地改革。加速推进城市化，既可以提振消费需求，又可以提高农业生产效率。❷ 我国政府进行社会主义现代化建设的首要工作是促进城市化健康发展。社会发展必定会遇到各种机遇和挑战，政府和人民必须团结一致，积极抓住机遇，勇敢面对挑战。旧时代的土地制度缺乏创新元素，已经

---

❶ 陆挺是美国银行美林证券大中华区首席经济学家，董事总经理，特许金融分析师（CFA）。北京大学经济学学士、硕士，美国加州大学伯克利分校经济学博士。2006 年加入美林全球宏观研究部。2010 年和 2011 年被彭博通讯社评为预测最准确的中国经济学家。获 2012 年《证券市场周刊》"远见杯"中国宏观经济年度和季度预测双冠军。在 2013 年《机构投资者》亚洲区和中国区经济学家的评比中均排名第一。2013 年《亚洲货币》杂志经济学家排名名列第一。

❷ 尹守革. 城镇化后劲不足 中国需要推进农村土地改革［N/OL］. 搜狐财经，2012-11-20.

不能满足人们的需求和当今社会的发展，极大削弱了城镇化进程的速度。

农村和城市在融合方面具有很大的难度，受到了很多因素的制约，其中户籍和土地这两种制度就严重制约了农民融入城市。首先农村和城市的户籍不同，农民也不能够享受城市居民的生活待遇，农民在城市落户要花费的成本也很大。在这种发展现状下，农民对于是否进城的观点并不一致，所以更多的人选择了加入"候鸟式"的就业方式。中国要想改善农村和城市的发展现状就要改善现有的户籍制度和土地制度，解决制约农村和城市城乡一体化的问题是党和政府的首要任务。

其次，制约着农民向城市进军的主要因素是农村的土地。机器的发展使农民的耕作过程需要越来越少的劳动力，农村大量的劳动力被剩余，农村越来越多的土地被承包出去。为了保护土地经营者的利益，我国 2002 年出台了《农村土地承包法》，在该法中明确指出，农民的土地承包经营权可以在法律范围内流转，可以采用的方式有转包、出租、互换、转让等，这就很好地规范了农民利用家庭承包获得的土地的经营权。尽管我国的土地制度在种种改革下发生了很大的变化，但农村土地还是为集体所有，变的只是使用和经营的权利，而不是性质上的变化。农民在土地使用方面还有一定的制约，农民不可以随意转变土地的用途，不能随意盖房出售。土地受到所有权的制约不可以在市场中随意进行买卖，当土地需要进行建设时，需要在政府和有关部门征地后再通过招拍挂的方式进行出售。在土地买卖过程中农民收益并不多，只是拆迁征地补偿金，所谓的土地市场的高溢价与农民并没有关系。尽管农民只拥有土地的有限产权，但是农民和众多农民工心心念念的还是土地，土地问题是制约城镇化的关键。

根据我国土地发展的现状，大部分农村地区都已经开始进行土地流转，要想进一步推行土地改革，推进中国的城市化进程，首先要给予农民自由支配自己家宅基地的权利。等到城镇化发展逐渐变得成熟再给予农民自由支配承包的土地的权利，并且允许在市场中进行交易。通过提高农民在土地买卖和处置过程中的收益，提高他们进入城市的积极性和主动性。在农民的进城积极性提高后再对农村和城市的户籍制度进行改革，使农民在心中滋生在城市落户的意愿。只有这样，中国农村和城市的差距才会缩小，才能逐步实现城乡一体化。

农村经济发展委员陈锡文曾说，相比西方发达国家完善的农村经济体系，我国农村经济发展仍面临较为严峻的现状，而随着我国经济增长的放缓，农村经济将成为未来 10 年新的增长点，目前农村经济发展的主要问题在于基础设施不完善，如果能够加强基础设施的建设，我国农村经济将会呈现不可估量的增长势头。❶ 虽然我国确立家庭联产承包责任制，是我国农村土地发展的重要依据，家庭联产承包责任制的出现转变了农村土地制度改革的方式和方向，但随着我国城镇化和工业化的步伐加快，在新型城镇化建设中，现有的土地制度不能够满足农民的生活需要，农民的生产积极性和劳动主动性明显减弱。

纵观农村土地制度变迁历程，我们发现，就现阶段的国情和社情而言，以往施行的农村土地制度在创造了巨大利益空间的同时，也引发了众多矛盾和问题，如城乡二元

---

❶ 柴静. 看见 [M]. 桂林：广西师范大学出版社，2014.

结构明显，户籍制度始终无法彻底突破城乡两级结构，相关法律规章制度不健全或相互冲突，土地改革仍停留在表面层次，深入推进进度比较缓慢，社会保障体系不健全，农民进入城市生活后缺乏稳定的生存保障等。近几年来，虽然土地使用权流转进程加快，但是由于缺乏规范的制度约束和健全的土地流转机制引导，因土地流转、征收引发的矛盾增加，一大部分农民宁肯闲置土地使其荒芜，也不愿意放弃现有的土地使用权。后果就是，农村土地粗放、撂荒与城市建设用地紧张并存。究其根源，不仅由于农村土地制度本身存在缺陷，也是在农村土地制度改革进程中法律制度建设没能密切跟进所导致。

第一节　法律规章不完善，操作程序不规范

我国现有的与土地相关的法律条款基本奠基于计划经济公有制时期，以政府决策取代市场调节实现资源转让为主要特色。尽管市场经济改革的推进已经动摇了现有土地法律的存在基础，但是几经修订的土地法仍与经济发展的实践要求相去甚远。造成的结果是，土地改革中部分程序操作不规范，城镇化加速发展将加剧利益冲突。

加快推进城镇化发展进程，是我国实现社会发展和经济长期稳定增长的重要源泉。而我国的现状是，加速的城镇化发展恰恰发生在农村土地转让限制条件模糊的情况下，因此

我国的发展自然容易陷入"巴泽尔困境"❶。我们必须发现农村土地制度中存在的问题和漏洞，并找到相应解决对策，从而在城镇化发展进程中更好地规避"巴泽尔困境"。

一、中国法律对农村地权设定的历史轨迹及其缺陷

20世纪80年代前期和中期，我国法律对农村地权的要求较为严格，不允许农民间进行土地的流转。我国1982年颁布的《宪法》第10条第4款明确规定，组织和个人不可以随意对土地进行买卖、侵占、出租或者非法转让等。1986年《民法通则》也对农民对土地的买卖、出租、抵押、侵占等行为作出了禁止。在1988年颁布的《宪法》中明确指出，组织和个人不可以随意对土地进行买卖、侵占、出租或者非法转让等，可以在法律允许的范围内对土地进行转让。在立法上第一次明确了农村土地流转的合法地位。

全国人民代表大会常务委员会于2002年颁布了《农村土地承包法》，该法明确保障了农民更多的合法权益，其中包括土地使用权、收益权和土地转让权。该法规定："承包方有权依法自主决定土地承包经营权是否流转和流转的形式"，"国家保护承包方依法、自愿、有偿进行土地承包经营权流转"。该规定确认了私人的土地使用权，但在解决私人资源使用权与转让权方面并没有很大的意义。从一定程度上，《农村土地承包法》在当时具有很重要的意义，但

---

❶ 这个困境是著名的经济学理论，首先由巴泽尔提出，大意是：离开了清楚界定并得到良好执行的产权制度，人们必定争相攫取稀缺的经济资源和机会。所谓"攫取"，是指在不受法律条款约束的情况下，人们竞相争取稀缺资源。说白了就是，没有明确认定权属和责任的事情会有很多人来占便宜。这一困境与道德关系不大，是一种必然发生的经济行为。

是，该法在农地承包年限问题上，仍存在缺陷。相较于城市 50 年到 70 年的城市宅基地批租期，农村土地承包 30 年的期限是否适合农村发展仍有待实践检验。同时，与之密切相关的土地承包合同到期续约准则也并未作出明确规定。

不同于《宪法》和《农村土地承包法》，《土地管理法》自 1998 年通过后，历经数次修改，始终没能在"转让权"上作出突破，优化农地资源配置问题也未得到处理。这一问题一直延续至今，2004 年修正后的《土地管理法》第 63 条明确指出，农民集体所有的土地的使用权不得出让、转让或者出租用于非农业建设，农村集体的土地所有权只能用于农村建设。然而，随着我国经济发展和城镇化建设的需要，部分农用地必然会向非农用地转化，而这样的规定必然无法满足现实需求。此外，该规定与其他法律规定要求相悖，法律之间存在冲突使得土地改革的操作程序缺乏明确依据，不仅不利于农村土地改革的顺利推进，也将影响我国的城镇化进程。

除上述农用地外，农村宅基地作为农村集体土地的重要部分，在法律规定上也存在制度性缺陷。在 2005 年 10 月物权法的拟定中，在宅基地的使用权转让方面第四次审稿延续了第三次审稿的规定。即，在宅基地使用权持有者的允许下，可以根据被分配人员的实际情况对已经建筑的住房进行转让。宅基地的使用权在住房转让时一并转让。城市人口不可在农村购买宅基地。农民在购置宅基地时也应该根据有关的规定进行，不能重复购置。2007 年《物权法》第 61 条规定，城市集体可以在遵守法律、行政法规的前提下对它所拥有的不动产和动产行使下列权利：占有、使用、收益和处分。该法第 128 条指出，土地承包经营权人依照农村土地承包法的规定，可以通过转包、互换、转让等方式对土地承包经营权进行流动转换，但是必须在承包期所剩余的范围内。若要用于非农建设需要经过法律的批准。可以看出，此法仅针对流转土地承包经营权，没有改变承包土地的目的，与农村和城市的建设并没有很大的联系。

从分析经济学理论可知，市场失灵是市场经济发展中的一种常见现象。交易费用问题更增大了市场失灵现象出现的概率，给市场经济的发展带来压力。

我们可以通过做假设来简化研究过程：S_0 是完全市场条件下农村集体非农建设用地的供给曲线，D_0 是完全市场条件下农村集体非农建设用地的需求曲线。这两种需求都会受市场交易费用的影响而移动，S_0 移动到 S_1，D_0 移动到 D_1，P 表示农村集体非农建设用地的价格，Q 表示农村集体非农建设用地的数量。

通过分析图 5-1 我们可以知道交易费用不能促进市场的发展，反而给社会带来了负担，所以，市场失灵会降低农村集体非农建设用地的配置效率。

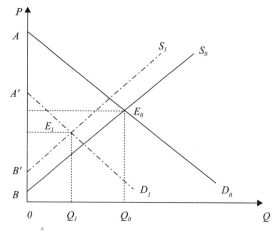

图 5-1　农村集体非农建设用地市场及其失灵分析

二、集体非农建设用地直接入市：进入阻止博弈

农户、政府和非农业公司是公有非农建设用地进入市场的主要参与者。非农业公司对土地的需求仅仅是乡村公有的非农村建设用地进入市场的诱导因子，政府以及农户才是扮演重要角色的主体，并且互相竞争。

我们建立一个完全信息动态博弈模型来分析上述问题。首先，国家拥有特别许可权式的掌控，而且拥有决定打击与否的主动权——一旦它决定打击，农户肯定会把供给量减小。国家有两个方案可供选择：打击或者不打击。隐形的参与者是农户，同样有两个方案可供行使（在国家作出选择后）：参加或者不参加。国家和农户的优势和劣势很大程度上在于对方非农建设用地的提供数量，而且市场盈利的多少也在于建设用地提供数量，也就是：$U_i = f_i (Q_1, Q_2)$，$i = 1, 2$，在这里，i 代表参加者农户或者政府，Q_i 代表参加者 i 的建设用地提供数量，U_i 代表参加者 i 因提供土地所获得的盈利。

如果国家完全掌控非农村建设占地市场情形下的盈利为 U_0，打击花费的成本是 C，国家打击、农户参与后，城市乡村建设占地市场就变成寡占，国家获得的寡占盈利是 U_{11}，农户得到的寡占盈利是 U_{21}，建设占地流入市场带给农户的寡占盈利的增加幅度是 R_1，带给国家盈利的增加幅度是 R_1^*；国家决定不打击的时候，农户参与后，建设占地市场就变成寡占，国家获得的寡占盈利是 U_{13}，农户得到的寡占盈利是 U_{23}，建设占地流入市场带给农户的寡占盈利的增加幅度是 R_2，带给国家盈利的增加幅度是 R_2^*，而 $R_2 > R_1$（见图 5-2）。

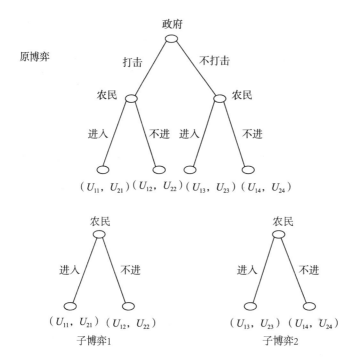

图 5-2　农村集体非农建设用地直接入市——进入阻止博弈模型

三、土地承包经营权流转中存在的不规范行为

由于人口基数大，土地总体可使用面积缺乏，我国在农村实行集体土地所用权，这直接导致土地转让变得困难，农村经济得不到良性发展。

现阶段，制约我国农村经济发展的主要问题在于小农经济的实施，随着我国经济总量的上涨，小农经济已不适合我国现有的经济体系，如果不加强农业现代化，改善农业发展现状，农村经济只会拖经济发展的后腿。

在农村土地流转中存在以下问题：第一，农村土地改革没有完善的登记程序；第二，部分省市的农村为了追求土地制度改革的速度，政府强制征收农民的土地，并将其低价出售给承包商，最终导致农民失去对土地的自主权；第三，农村土地改革没有后续政策跟进，政府将土地出售给承包商以后，没有制定相关规定来指导和保障农民生产、生活，只是一味要求农民自力谋生，给农村治安带来非常大的隐患。

由于想法上出现偏差，制度上存在限制，政策上动力不足，在农村土地使用权转移中出现的做法包括：

（1）随意性。当今国内对土地承包都是自发性质的，权利的转接大部分是以口头商议的方式。由于口头协议的随意性导致转让时间无法明确，承包方通常没有长时间经营的计划和再次花费的意愿，也没有很高的主动性和热情。

（2）无序性。《农村土地承包法》第 18 条第（2）款规定："承包方案应该按照本法第 12 条的规定，依法经本集体经济组织成员的村民会议三分之二以上成员或者三分之二以上村民代表的同意。"第 23 条规定，县级以上人民政府应当向承包方颁发土地承包经营权证或者林权证等证书，并登记造册。但是在实践中，上述步骤无法发挥应有的作用，甚至个别土地承包合同无书面文件，权利转移不符合程序，致使出租方与承租方两者无法分割责任、权利和利益。

（3）行政不正当干涉。一些镇级政府竟然把土地使用权的转移和村级干部的考核绩效相联系。在探访东北地区的粮食高产县市的时候，众多具备现代规模的农业产区林立：上万亩田地的灌渠网络发达，道路环绕。谈到盈利，当地的干部十分自豪："公司运营，规模制运营，有机 1 斤大米可以拥有 40 元的售出价格。"状况这么好，农民可以获得多少盈利？干部说，土地向公司转移，农户收取地租，还可以去种植园工作，有两份钱收入囊中。然而询问村子的农户，他们并不如此认为。一些农户谈到，一亩地的租金只有几百元，公司盈利多少，和农户的关系更是不大。说工作，当今种地采用的是机械化方式，上万亩田地连20人都消化不了，一个村子里那么多人能去哪。虽然没有意愿，但是开始时政府定性为硬性任务，村里的干部挨家挨户地去做工作。政府为什么对转移持有这么高的积极性？那位干部说，现代的农业要实现规模产业的形式，就需要较高的起点和较大的投入，仅仅一个个体是无法承担的，大公司几乎是唯一可行的办法。加上政府推动，土地转移在整个村子得到进行，甚至未用硬性命令等形式。因此政府的政绩出来了，公司的盈利出来了，而农户却被忽略了，在建设现代的农业产区的同时，埋下了深深的矛盾和争端。

此类现象屡屡发生，在某些地区，公司承包成为趋势。数据表示，某地区2012年向公司转移的土地使用权增加了34%，2013年是40%。而土地使用权转移发生的争端也频繁出现，2015年一年各地共处理了18.8万个案件。

四、土地承包经营权流转程序性规定不健全

（1）转移过程不明。转包、租借、转让和交换没有明显的界线；相关权利的规定没有详细化；实际应用的新型方式未被纳入法律法规；把"四荒"土地转移的方法与联产承包制度下的土地权利的转移方法分开看待等。

（2）对转移行为约束太多。《农村土地承包法》第41条规定，如果承包的一方具有固定的非农职业或固定的资金来源，经过发包方的许可，能够全部或部分土地承包经营权转让给其他从事农业生产经营的农户，由该农户同发包方确立

新的承包关系，原承包方与发包方在该土地上的承包关系即行终止。《农村土地承包经营权流转管理办法》第 11 条规定，采取转让形式流转的，应当提前对发包方作出转让请求。即发包方的许可是转移的必需条件。《农村土地承包法》第 49 条以及《农村土地承包经济权流转管理办法》第 34 条规定了抵押只用于利用招标、拍卖、公开协商等形式获得的权利，以及按法律程序获得土地相关证书证明权利的土地。

（3）土地权利的登记不完备。对土地经营权利的交换、转移等在《农村土地承包法》中有所规定，然而其他方法在交易的安全性方面完全没有法律保障，即便采取交换、转移的方法转移农村的土地，也没有强制登记的要求，完全由当事人决定。《农村土地承包法》明确向县级之上的地方人民政府取得登记，却没有明确登记的机关，使得登记无法落实。

在法律制定方面，当前只订立了与土地的行政治理、所属权利、土地经营等相关的法律条文，农村土地上还有很大一部分的权利、义务关系急需法律、法规和政策的约束及保障。在法律条款方面，重实体、轻程序带来的问题相当明显，而且与其他实体法中关于所属权、土地经营权利等中心问题的规定互相矛盾，无法明确及时地对乡村土地的经营、使用、盈利和处理等作出规定。在法律的适用性方面，由于有多部法律、法规等对农村土地进行调整，各法律、法规间时见相冲突条款，且同一法律中也多是原则性规定，缺乏可具体操作的条款。这就使得相关部门有选择地执法，严重损害了法律的权威性。

从上面的叙述中可知，虽然我国有关乡村土地转移的规定自新中国成立以来从无到有、逐渐完备，但是，由于在农村家庭经营制度的实行进程中较少加入律法因子，加上国内现存的法律系统中较少土地经营和转移的法律性规定，加之缺乏专门制度，是以乡村土地的转移具有自发、盲目和随意的特征，土地争端矛盾日益明显，侵犯权利的行为常常出现。即便在《宪法》《民法通则》《土地管理法》和《农业法》中有相关规定，规定不够明确，缺乏可执行性，致使很多地区出现了无法可依的情况。

第二节　产权制度不清晰，征地补偿不均衡

产权在农村土地问题中占据核心地位。新中国成立以来，土地产权经过了土改、合作化、公社化、家庭承包制和维稳、完备土地关系等历时60多年的过程。截至今天，国家虽赋予了农民有保障的土地使用权，但农民的权益屡遭侵害，产权的模糊状态没有根本转变过来。

从历史上观察，乡村的土地是属于农户的。在红军时期打地主、分田地时，相关单位就提议"收取地主的土地归属农户"。国内第二次革命被称为"土地革命战争"。抗战时期，为组成最为广泛的民族抗日战线，中共中央不再收取地主土地，颁布了"农户租金减少利息减少，地主上交租上交利息"的政策。在抗战关键时期作出让步，是为了联合所有的积极因子支援抗战。取得抗战胜利后，中共中央开始在解放地区大范围地实行土改，1947年召开了全部解放地区的土改会议，制定了《中国土地法大纲》，规定了"实行耕者有其田的土地制度"。

20世纪中叶，国家实行社会主义改造，开设合作社、公

社，农户携带私人土地入社，约定"自愿入社，自愿退社"。从常识上，农户退出公社，或者公社解散，需要把土地归还农户。自改革开放以来，我们并没有正式宣告公社的解散。农村居民委员会是一个民众自发管理机关，小组形式在其中发挥了重要作用，不可缺少，但是不具有控制经营公有财产的力量和权力。

正是因为这样，虽然农村土地归集体所有，承包的一方却是农户个体，权利、义务没有准确划分，是流失耕地及农民缺乏种植主动性和热情的根本原因。

随着改革逐渐深入，产权和征地补偿问题被同时推至舆论关注前沿。在实践中，由于缺乏清晰的产权制度，当涉及土地承包经营、征收和流转等问题时，农民自身权益受到侵害，无法依法享受合理的土地增值收益，土地征收补偿和分配不平衡。当前大部分土地增值收益为当地政府或征地人所享有，农民所得补偿仅限于土地原用途的"成本价"。也就是说，土地增值收益及征地补偿与农民无关。

1. 农地产权不明确，土地集体所有权主体虚位

当今农村土地"公有制"的产权性质造成集体和农民之间的关系不明确。农民集体作为农村土地的所有者，实际上无法完全掌控土地权利，土地权利遭受多方侵入。《宪法》和《土地管理法》明确规定农村的土地归属于集体［包括乡（镇）农民集体、村农民集体和村内农民集体］，但"集体"是一个什么样的组织，属于哪一类民事主体，是自然人还是法人，法律上并没有作出明确的规定。在产权不确定下，农民的生产积极性受到影响，农民在深耕、施肥、改进土壤条件方面不敢投入太多资金和劳动力。如果农民拥有对土地完全的所有权，他们就有动力去投资和改良土地。

　　由于法律对集体土地所有权的主体规定得较为含糊，导致实践中集体土地所有权的落实出现很多争端，乡村集体土地所有权和使用权理应归集体全体农民所有，但事实上掌握在少数人手中。在征收土地发放补偿费用时，乡镇政府、村级委员会以及干部都声称自己才拥有土地所有权，相应的补偿费用也大多被"乡扣""村留""村小组提"的方法层层扣留，农户收到的补偿极其有限。这不仅侵害了农民的土地增值收益，还严重扭曲了集体所有制关系（见图5-3）。

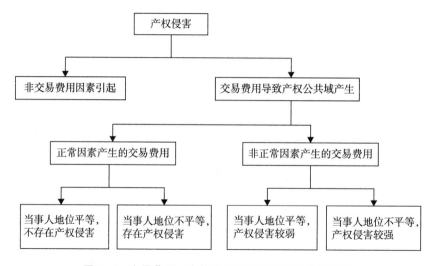

图5-3　交易费用、产权公共域与产权侵害关系示意

2. 公共利益界定不明确

　　根据现行宪法和土地管理法的规定，政府为公共需求，可以依据有关法律对土地实施征收以及征用，同时给予相应补偿。但什么是公共利益/目的，国内对此尚没有一致的看法。由于缺乏对公共利益的清晰界定，在现实中，人们经常用到的是广义的公益，由此衍生很多商业性用地行为借用公益之名来征收、征用土地。部分地方行政部门罔顾地区可持续发展，只看重短期利益，政府通过征地再出售给房地产开发商赚取中间差价，而土地的真实所有人——农民却只能获得比本来生活水准要低的补偿。特别是个别地方政府过分追逐政绩，对公益内涵广而化之，对征地权错用滥用，致使耕地土质损坏，耕地荒漠化，甚至出现城市、乡联合的非法土地市场，侵犯农民的正当权益。国土资源机构对京、沪、鲁等 16 个省市的征地状况实施调查研究结果显示：最近 10 年来，东部沿海省份土地征收计划中的确为公益用途的少于 1/10，大部分的征用土地是作商业之用。

3. 征地补偿制度不健全

农村和地方行政部门是农地保卫者，应该得到一定的经济赔偿以及转嫁支付。现今国内农户平均拥有 1/2 公顷土地，分别是欧盟国家以及美国平均水平的 1/40 和 1/400。人均农业要素状况主导了国家农业小型化耕作的特点。小型农业既受到国际农产品出口大国的市场压迫，又亟须担负保证我国粮食以及农业计生安全双重任务，给予这类保护农田的区域以及农户相应的经济赔偿，有重要意义。

政府征收土地牵涉农户和政府两方。征收土地的方法可以分成非垄断的以及垄断的两种。假使 S_{p0} 为非垄断的农户土地提供曲线，S_{p1} 为垄断的农户土地提供曲线，D_{g0} 为非垄断的国家所需土地曲线，D_{g1} 为垄断的政府所需土地曲线，如图 5-4 所示。

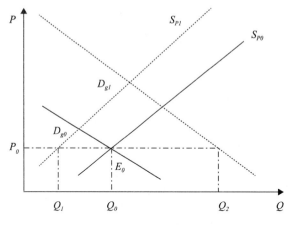

图 5-4 政府征地垄断动力分析

图 5-4 表明，非垄断下农户和国家都能享有征收土地的效益，征收土地数量是 Q_0。垄断使得征收土地的效益在很大程度上由政府享有，征收土地提供曲线波动为 S_{p1}，政府所需土地曲线波动为 D_{g1}。

垄断时，国家明确征收土地的补偿为 P_0，与 D_{g0} 和 S_{p0} 所明确的评价价格是统一的。这个时候，一旦农户调节征收土地的提供数量存在可能性，农户就会在自己利益最大化的基础上调节征收土地提供数量到达 Q_1，然而此时国家的征收土地意愿为 Q_2。垄断的征收土地让农户不能与政府商定协议，国家利用垄断权力、使用强制力在补偿水平 P_0 上强制地征收土地的数量是 Q_2。与平均点 E_0 比较，垄断的征收土地虽然损害了农户的利益，严重伤害了农户的权益，给国家带来的却是增长的盈利。

我国《宪法》在第四次修订时，将第 13 条第 3 款修改为：国家为了公共利益，可以依据法律规定对公民的私有财产实行征收或者征用并给予补偿。该修订虽然明确了国家基于公共利益征收土地应给予相对人补偿，是个明显的进步，但并未列明赔偿细则，未规定赔偿属性，也没有将其视作一项宪法原则，这削弱了宪法对行政权力进行约束的执行效力，为政府肆意使用征地创造了机会。根据《土地管理法》第47条，征收耕地的补偿费用包括土地补偿费、安置补助费、以及地上附着物和青苗的补偿费。征地赔付是此田地在被征收前3年年产值均值的6~10倍。征收耕地的安置补助费，按照需要安置的农业人口数计算。需要安置的农业人口数，按照被征收的耕地数量除以征地前被征收单位平均每人占有耕地的数量计算。每一个需要安置的农业人口的安置补助费标准，为该耕地被征收前三年平均年产值的4~6倍。但是，每公顷被征收耕地的安置补助费，最高不得超过被征收前3年平均年产值的15倍。土地补偿费与补助安置费的总和不得超出土地被征收前3年平均年产值的30倍。此规定很显然赔偿范围太窄，赔偿标准过低，不单缺乏对土地浪费以及间接损耗的综合思考，更加谈不上对土地增值问题的考量，所以如此赔付是不平等的。在征收集体土地过程中，政府对农户的赔偿非常有限，远低于田地的经济价值，仅是制度赔偿。我国目前采用的补偿安置方式主要是货币安置方式，且许多地区经常采用"一次性补偿"。行政部门从发放征地赔款中获得了巨大利益，所以，政府往往倾向于为了增加财政收入、创造业绩、改善政府部门福利作出低价征地、高价出让的行为。而且，单纯的货币补偿方式往往无法使失地农民真正得到安置。农民因对理财和投资渠道缺乏必要的了解，个别被征土地的乡村赌博问题严重，农民赔款一到手就用来赌博，令被征地农户变成影响社会稳定的因素。

4. 资本下乡阻碍大

在促进农地流转的时候，将资本投放于乡村是一个经常引发争执的点。在国家发展与改革委员会例行新闻发布会上，农村经济发展司司长高俊才就如何避免工商资本借机圈地回答，往后理应指引以及鼓舞工商资源乃至城市资源投放乡镇当中，这是促进现代化农村发展的有力做法。我们应该趋利避害，强调双赢，规避农民权益受到侵害。但怎样才可以做到双赢，就不是一个容易解答的问题。

一方面，根据调研，在部分地区发现了土地承包合同期内引发争议的典型案例，如，企业租赁当地农民 200 亩地，用在花卉苗木种植之上。经过数年经营，企业取得不错业绩。农民见企业效益颇丰，便强迫加租，若企业不同意，农户就收回农地。在此案中，双方实际上并非双赢，企业得到利益，农户就对租金予取予求；若地租增加，企业又有意见。此类案例在现实生活中时有发生。

城市资本下乡，虽然将在一定程度上促进农业的规模化和现代化经营。但是，社会上关于"资本圈地"的争议和资本炒作土地的担心，却一直未停歇。由于当前土地流转过程中仍存在诸多不规范现象和一些灰色地带，从而使一些土地"掮客"借助资本活跃于前台或身后，成为倒腾流转土地的操盘手。有些资本"项庄舞剑，意在沛公"，或者受土地增值诱惑进入农业，或者以套取国家补贴为目的，土地流转后"圈而不用"，这都会造成耕地资源的浪费和低效使用。

第三节　交易市场不成熟，土地流转不顺畅

土地流转是农村经济体制改革不断深化过程中出现的新

事物,是经济社会发展到一定阶段的必然产物。目前,土地流转已开始试点运行,并逐步开始在全国范围内展开。若彻底将农村承包地、宅基地和集体经营性建设用地流转到管理利用能力高的群体手中并展开大规模运营,亟须构建完备有法可依的农地交易市场。农业劳动力向城镇化转移并变成城市居民以后,宅基地和租屋被闲置的情况非常普遍。新型城镇化将进行新一轮土改,乡村流转改革将是重中之重。

从 20 世纪 90 年代尝试进行乡村土地流转开始,很多时候都是农民之间进行交换或者租赁,土地确权工作事实上并没有展开,各个地方亦没有构建有形土地的流转市场,行政以及立法手段的管控实际上非常有限,市场运营有待规范以及指导。这种不完善主要表现在四个方面:

一是市场建设不完善,土地流转秩序混乱。由于欠缺市场交易平台,农村承包地经营权交换很多都是自发、缺乏秩序的。农民和农民间对土地使用权的交换和租赁,缺乏流转流程规定以及监管手段。

二是标准化建设缺失,土地流转行为不规范。不仅缺乏明确的土地经营权流转补偿标准,也缺乏规范的合约。转包、互换、代耕等很多都是用口头合约代替书面合约,部分流转行为即使签订了书面合约,合约错漏的地方也非常多,若发生了纠纷,合约事实上很难作为有力证据使用。

三是体制发展落后,土地流转行为没有获得体系化制度援助。农民入城务工之后,他们是否还有土地承包权,对此目前还没有一个清晰的说法。生产队集体经营的土地流转模式、效益分配等都缺乏详细可行的规制。农村宅基地如何流转也没有统一的法规和政策。

四是服务管理不到位,各地方缺乏广泛适用的、符合法律法规的农地使用权流转市场，并且没有得到统一的组织以及管理。行政部门对这个问题基本上听之任之，尚未构建完善的农村土地流转监管体系，更谈不上独立的监管机构以及监管负责人。

伴随着我国市场经济的持续发展，城镇化进程加速，大批农业人口转型为非农业人口，从事非农产业的趋势将不可逆转，因此产生了土地流转的客观需求。农地流转时，农民几乎没有议价的权利，大量土地交易存在徇私舞弊现象，有些地区的土地买卖甚至是暗箱操作，农户非常不满。我国政府制定了很多政策，以期解决这个难题，然而执行政策主体的立场和农户的立场无法统一，最后使得执行政策的力度减小，收效也甚微。新型征收土地的补偿准则，很大程度上让农户的权利获得保障，然而执行成本依然非常高，要从根本上规范某些地方政府在征收土地中时损害农民土地的行为，关键在于让市场机制发挥基础性的作用。农地使用权流转大部分是农户自发的，行政部门或集体组织的合作和服务为零，交易通常是发生在亲友和邻里间，零成本限制了土地向有能力的使用方流动。在市场竞争白热化但自己和市场又没有紧紧相依的状况下，农户个体或家庭从农地流转过程中获利不高，其自主投入市场的能力欠缺，在市场交易谈判过程中非常容易陷入下风，最后难逃由于和想象中的收益大相径庭而导致流转流产的命运。所以务必构建一个专门的中介机构，能够起到专业的指导作用，规范以及促成市场交易，达到农地高效分配的目的。而现实情况是中介组织不健全，土地转移的信息无法及时发布，不能真正在土地提供者和土地接收者之间架起有效沟通的桥梁，导致统一的土地流转市场很难形成。由于农村土地经营权权利移转市场缺乏，不能真实反映农村土地经营权转移的确切价格，农户只是作为被动低价的一方存在，宁可撂荒、交给别人耕种也没有转移土地经营权利的意愿，致使农村的土地经营权利转移困难。即使农户有意愿转让，却没有租赁方，具备经营力量的农户碍于信息的不流畅无法寻找适合的土地实施大规模生产。

目前我国农村一方面存在宅基地闲置、空心村等现象，另一方面也存在十多口人在一处宅基地上生活，冒着被拆除的巨大风险违法违规在自家耕地上建造房屋的现象，这在很大程度上要归因于缺乏规范、有秩序的住宅占地的转移市场，缺少住宅占地退出制度。建设和完备集体建设用地流转市场在《中共中央关于推进农村改革发展若干重大问题的决定》中这样被提到，逐渐建设城市乡村联合的土地市场，对于依法获得的乡村的集体性质的土地，一定要在透明、规范化的土地市场，以公平、公正的方法转移土地权利，在与规划相符的条件下和公有土地享受平等的权益。目前我国推行农村集体建设用地流转试点的有广东、安徽、河南等地，但是由于不敢大面积地放开集体建设用地，现行制度在流转方面的限制过多。但是宅基地不同于农村其他集体建设用地，一方面宅基地是农户生活资料，至少目前看来主要是解决自身居住问题，另一方面宅基地的利用方式、方法正在不断创新，如土地综合整治、迁村并点、集中居住，这一切实验都是向着集约节约用地的目标前进的，而利用方式、方法上的创新必然需要制度上的不断跟进，否则必然不能达到预期的目的。笔者建议将宅基地流转从农村集体建设用地流转拿出，从制度上特殊对待。《中共中央关于推进农村改革发展若干重大问题的决定》要求完备农村住宅占地制度，对住宅占地的管理要严格，在法律上保护农户住宅占地的物权。国土资源部

《关于促进农业稳定发展农民持续增收推动城乡统筹发展的若干意见》中也要求积极探索在集体经济组织内建立宅基地有偿使用制度，强化内部约束机制，促进宅基地公平分配，提高宅基地利用率，实现节约集约利用。

现阶段农民可以依法出租住宅占地获取一定利益，住宅占地的转移开始时只限于集体组织内部的流转，采取以经济手段为中心的内部重新分配方式。但是毕竟集体经济组织内部宅基地的需求有限，随着城镇化进程的加快，大量入城农民闲置的宅基地并不能在组织内部得到消化，所以宅基地制度改革必然要逐步扩大流转范围，但仍然要以本村集体经济组织成员优先为原则，城镇居民也可以使用农村宅基地，可以采取有偿使用制度。如，集中居住后补偿给农民的"安置房"，农民应该享有所有权，那么流转给谁、如何转移也应该由农民自己决定，住宅占地的所属权随着住房转移一起转移，但是这种流转一定要是有偿、有制度规范、有序合理的。通过规范有序的宅基地流转制度，让更多的农民彻底脱离农村进入城市，以符合城镇化中农村人口不断减少、城市人口不断增加的现实，满足城镇化对农村建设用地的需求，是与土地综合整治的目标相一致的。

综上分析，我国现阶段土地流转工作的阻碍因素主要有以下几点：

（1）土地流转历程被农民的土地情结所阻碍。对于农民来说，土地收入仍然是家庭生产与生活的主要来源和重要保障，大多数农民把土地当作是家里的重要命脉，所以不会随便转让土地的使用权。另外，国家在土地方面陆续颁布了许多优惠农民的支农政策，加上取消农业税，使得有些农民认为土地仍存在很大的升值空间。在那些靠近郊区和经济较发达地区的农户，在土地被征收的时候，他们可以得到补偿，土地的可增值空间仍然很大，所以他们宁可放任土地荒废，也不愿意将自己的土地转让，只是为了在土地被征用时得到可观的补偿金。这就导致农村的土地向外部企业等流转较少，而大部分都只是在农村内部流转。因此，土地流转的规模缩小、速率降低，城市化的进程也由此减缓。

（2）土地权利关系不明确。长时间来看，由于农村土地权利关系不清晰，管理不恰当，法律提供给农民土地产权的保障不到位，大部分在城市打工的农民不愿意转让土地，导致农村土地难以在市场上流通。土地长时间搁置于农村，不仅浪费资源，也大大阻碍了城市化进程。

（3）土地流转过程不规范。现在的土地流转大部分是农民之间的自发性活动，特别是亲友之间的互相承包和代理最常见。农村土地流转很少签订书面合同，多为口头协议。即便是部分人签订书面合同，也存在合同内容较单调、合同条款不完善等问题。除此之外，土地流转方面的相关监督部门较少，很多合同没有通过管理机构的公证或审核，土地流转的双方当事人一旦遇到复杂的产权纠纷问题，带来的麻烦将很难处理。

（4）土地流转配套机制不健全。目前我国缺乏相关技术和人才，未建立标准的土地流转市场贸易体系和相关平台，土地使用权只能在农民间流转，且流转过程不通顺，常出现卖家与买家相互间联系不上的情况，在提供和需求这个程序上严重脱节。由于相关监督管理部门不够完善，服务体系不完整，对于权利与义务的关系不够明确，相关人员不但没有能力管理审核农户间的合同，评估部门也无法根据现有价格对土地进行有力的评估与鉴定。

（5）等级较低。数量较少的主体进行土地流转。在农村内，土地流转对于农民并没有什么吸引力，大多数流转也只是农业小户在村内自主进行，大大降低了其积极性。流转的方式多为短期承包，规模小且存在一定的风险，缺乏科技含量。即便是有大户参与流转进程，也因为期限较短而不愿投入较大成本，最终使得土地效益难以发挥出来。

（6）不同地区的土地流转情况不同。不同地区的地理环境和经济发展状况大不相同，这就导致了土地的流转状况差距很大。由对比可知，城市郊区要比农村的土地流转进展好，经济发达的地方比经济稍落后的地方土地流转进展好，进行传统粮食生产的地方所获得的收益要远远落后于进行特色创新农业生产的地区。

第四节　宅基地转换机制不健全，城乡社会保障不均等

一、我国现行的宅基地使用权流转制度

我国物权法规定，宅基地的使用权、转让权等权利的取得，要严格按照国家的法律法规来执行。对于获得的宅基地的使用权不可以用来抵押。土地管理法规定，农村村民一户一家只能拥有一处宅基地，并且其面积不能超过省、自治区和直辖市的标准。农民把所获得的宅基地出租或卖出后，再申请获得宅基地的，政府不予批准。农民所获得的土地使用权不能进行转让或出租用于非农业的改造，除非是公司在法律规定的情况下对土地进行建设性改造时，由于经营不善而

倒闭或被收购时，才可以对土地的非农使用权进行转让。我国担保法同样对宅基地的使用权利进行了规定。此外，我国相关规章及地方性法规等也对农村土地的使用权的流转作出了规定。如，在 1999 年国务院通过的《关于加强土地转让管理严禁炒卖土地的通知》（国办发〔1999〕39 号）中规定：城市居民不得购买农村住宅，并且，城市居民不能随意占用农村居民的土地来进行搭建房屋，即使是行政部门也不能滥用私权给违法建造的房屋颁发房产证和土地的使用证件。在《国务院关于深化改革严格土地管理的决定》（国发〔2004〕28 号）中规定：不允许城市民众在农村购买置办宅基地。并且在 2004 年由国土资源部颁布的《关于加强农村宅基地管理的意见》中又做了详细规定：不允许城市居民在农村购买宅基地，对于不按照法律建造的宅基地，国家应不予发放房产证和有关的土地使用证件。在地方法规和规章层面上，《新疆维吾尔自治区农村宅基地管理办法》中规定，如果农民按照法律对土地进行转让、转移或继承等行为而使得农民的土地使用权得到变化时，需要向原来的登记单位申请土地变更，再由县（市）人民政府颁发新的集体土地使用证。《河北省农村宅基地管理办法》规定，若农户由于继承而出现一家拥有多户宅基地的情况，农户需要转让出多余的土地，而接受宅基地的农户也要符合国家标准，并办理相关的审核批准手续。

在我国物权法中，有"宅基地使用权限的转让"这一描述。在土地管理法中规定了农户可以出租或卖出其住房。《新疆维吾尔自治区农村宅基地管理办法》中规定：农户的住宅可以依照法律进行转让、继承、赠与。《河北省农村宅基地管理办法》中规定：农民对其所多余的宅基地需进行转让。对于上述规定，我们应如何正确理解呢？依据我国现有的法律，我国对宅基地的使用权采用的是有限制流转制度，并且在我国，禁止城镇居民购置农村居民的宅基地，不允许宅基地在城乡之间进行流转，但宅基地的使用权可以在组织内部进行转换，前提是要依据我国"地随房走"的惯例。宅基地的使用权限不能单方向流转，但可以通过出租、赠送、遗赠、授予等方式进行流转。我国物权法规定，宅基地的使用权限不能用来抵押，在宅基地上所建设的房子也不能用来抵押，所以农户所拥有的抵押权就不能很好地使用。我国法律对于宅基地的使用能否在组织经济集体中进行流转，并没有给出详细具体的规定，由于宅基地的使用权限有个体成员的特性，所以应该是被禁止的。

二、我国现行宅基地使用权流转制度存在的问题

1. 现在所实行的宅基地使用权流转制度不能很好地使用土地

我国对农村土地流转进行了严格的限制但并没有有效地保护土地。农村居民未经许可肆意构建房屋，并超额占用土地面积，建造新房屋后并不及时退掉旧房屋，并有一些条件富裕的家庭在城市购买新房，并让拥有宅基地的后代继承房产的情形很多。更为严重的是，有些乡镇领导以权谋私，占领多处宅基地，使得土地严重浪费。

2. 现行宅基地使用权流转制度并不能长期承担社会保障功能

为了有力地保障农村住房条件，国家经过深思熟虑之后决定采取减缓宅基地使用权交易的方式，没有预料到的

是，该举措在市场经济中产生了背道而驰的效果。众所周知，经济的急剧扩张应该伴随着工业、农业之间的互补转化，但是土地提供的社会保障依旧扮演着我国农村社会保障体系主旋律的角色。严谨地说，国家贸然采取减缓宅基地使用权交易的方法限制了农村经济进一步发展，农民为了"看守"自己的房屋，便会放弃向城市转移，导致农村生产力不能得到合理利用，进而城市化进程放缓。由此看来，土地对农民在某些方面的作用因为市场经济具有开放性、流通性的特点而受到严重减弱。

3. 现行宅基地使用权流转制度造成"隐形市场"的存在

我国实行的是"先富起来，再扶起来"的政策，这就导致部分率先发达起来的农民抓住了现行宅基地使用权流转制度的漏洞，在确保自身居住环境的基础上，其完全有能力再次圈地造屋并将其外售，而这就是坊间"隐形市场"存在的主要原因。"隐形市场"可谓是害人害己：一方面买卖双方的交易数额和风险都成几何倍数扩大；另一方面，国家对两者的保护能力被大大削弱。

4. 现行宅基地使用权流转制度不利于农民融资

住宅、宅基地的使用权是当代中国绝大部分农民所拥有的不动产，而采取减缓宅基地使用权交易的方式使得抵押担保遭遇困难，农民申请银行贷款受到限制。农民如若不能申请到贷款就会延缓解决资金链断裂的问题，产业结构也不能及时调整，进而导致农民扩大产业规模的计划滞后。

三、宅基地流转受限，影响城乡居民流转和城镇化进程

1958 年 1 月全国人民代表大会常务委员会投票表决一致通过了《户口登记条例》，首次提出了"农业户口""非农业户口"，这标志着城乡居民在法律上被明确区分，此举奠定了我国现行户籍管理制度的基本格局，也成为我国户籍城乡二元化的起点。1964 年 8 月《公安部关于处理户口迁移的规定（草案）》出台，集中体现了该时期户口迁移两个"严加限制（限制农村迁往城市、限制集镇迁往城市）"的主体内容。2007 年《国务院办公厅关于严格执行有关农村集体建设用地法律和政策的通知》正式下发，其中对涉及宅基地流转方面的问题作出了严格规定：城镇居民不得到农村购买宅基地、农村住宅或"小产权房"。虽然，在近年修订的相关法律中，就宅基地流转的约束有所放宽，但是依旧禁止城镇人口到农村购买宅基地，一定程度上阻碍了城镇化进程。

随着城市房价的不断走高，城市人口的不断增加，对住房需求的不断增长，农村房屋价格的比较优势，以及农民发家致富的强烈愿望，在农民与市民需求互补的经济利益的驱动下，城乡接合部出现了大量的宅基地买卖、出租、抵押等流转形式，逐步形成了宅基地流转的隐形交易市场，农村宅基地大量地参与市场流转。但在现行法律制度下，我国明令禁止城镇居民买卖农村宅基地，这使得城乡接合部的农村土地产权混乱，为下一步政府规范宅基地的流转埋下了隐患。

同时，由于大量的农民进城务工，造成了农村人口急剧减少和现在的"空心村"问题。部分农民举家迁入城市，部分则是妇女和老年人留守在家，造成大量的农村土地无人管

理，大量的农村宅基地闲置，这在客观上是农村土地资源的一种浪费。

四、我国城乡社会保障不均等

我国社会保障由于受长期的城乡结构二元化、制度碎片化、管理不统一等因素影响，城乡社会保障发展并不均等，社会保障水平城乡还存在一定差距。

（一）社会保障制度城乡有差别

1. 养老保险制度城乡有区别

城乡各种社会养老保险制度之间政策不同、模式不同、缴费不同，各种制度按照户籍、身份、职业等设置不同的参保群体，企业职工、灵活就业人员、被征地农民、农村户籍人口等群体分别适用不同的养老保险制度，这些都一定程度上制约了社会保障的城乡均等化。

2. 医疗保险制度城乡不一样

我国现行医保制度在城镇职工医保制度外，又按户籍、身份不同被人为割裂成城镇居民医保和新型农村合作医疗两种类型，城镇居民医保和农村基本医疗保险分别由人社部门和卫生部门分头经办，形成了"城乡二元结构"模式。在此模式制度下，产生了经办机构重叠，管理成本高难度大，医疗机构服务成本高、参保对象待遇不公等诸多弊端，在机制、体制上已经成为社会保障均等化发展的壁垒。

（二）社会保险关系城乡转移接续有难度

（1）城乡居保和城镇职工养老保险之间关系转移有困

难。随着进城务工和被征用土地农民的不断增多，农村劳动人口和城镇职工的流动性日益频繁，进城农民工由城乡居保转换到城镇职工养老保险，失地农民由居保转换到被征地农民养老保险，返乡农民工参加居保等在所难免。实现城乡居保与职工养老保险在全省范围内规范转续，结算不同社保、不同地区间的基金，承认农村居民在各个不同时期形成的养老保障权益等，国家还缺乏详细的办法。尽管城乡居保制度确定了体制转轨接续的相关措施，但并未形成合理的转轨，如何实现与职工养老保险的有效衔接已成为社保机构必须解决的迫切问题。

（2）城乡居保制度的设计原则、缴费标准和养老金待遇领取标准、计发办法与职工养老保险都有很大不同。居保的缴费年限能否与城镇职工养老保险连续计算，居保的个人账户如何与城镇职保的匹配，如何确保参保人员合理、正常享受养老金待遇，这些问题都客观存在。在解决不同地区间因利益关系而影响社保关系转移，以及信息化联网建设为转续提供技术支持等方面，还存在困难。

（三）社会保障服务水平不足

（1）城乡居民养老保险的宣传力度需进一步加强。目前，有部分农村居民参加城乡居民养老保险的积极性不高，对城乡居民养老保险政策还缺乏足够了解，对多缴多得、长缴多得的惠民政策理解不透彻。有一部分居民对参保有顾虑，担心参加居保后再进入城镇企业工作，还能不能再参加职保。还有一部分40岁以下的年轻人认为自己年轻，离老年还早，希望等到接近老年的时候再参保。

（2）基层人社平台服务水平需进一步提升。目前乡镇人社服务中心已基本实现机构、人员、经费、场地、制度、保障等"六到位",大力推进了基层人社工作的开展,但从乡镇到村级均只有基本的人头经费,相关的硬件设施和业务工作经费严重缺乏。一些社会保障业务的信息化服务还无法到达村(社区),系统网络平台只到乡镇,无法完全实现老百姓办理社会保障业务"足不出村"。另外少数村(社区)协理员流动性大且素质不高,对业务政策不够熟悉,经办能力不强,影响了服务水平。

(3)基层医疗机构服务质量需进一步优化。新农合制度的实施在一定程度上解决了农村居民"看病难,看病贵"的问题,也让乡镇卫生院的就诊患者大大增加。但是少数基层医疗卫生服务机构的服务质量和能力仍存在一些问题,例如少数乡镇卫生院基本医疗设施不完善,能够提供的医疗服务有限等,这使城市、农村之间医疗服务的质量和水平存在一定差异。

第六章

深化农村土地制度改革，
促进我国城镇化发展的政策建议

第一节　修改宪法过时条款，规范确权操作程序

随着《中共中央关于做好农户承包地使用权流转工作的通知》《农村土地承包法》等文件的先后下发，农村土地流转终于有法可依。然而由于两份文件在有关农村土地流转问题的条文上并未作出明确规定，与此同时还忽视了部分相关问题的细节，更重要的是缺乏对违法行为的具体制裁措施，这进一步导致行政部门无法展开有效的执法工作。同时，机制的缺失和不断变化的市场不符亦会致使土地难以得到公允、合规以及流程化的流转。这就需要有关部门尽快出台相应制

度来确保土地承包权的真正价值，提升土地资源分配，调整生产架构。所以，强化土地承包经营权科学流转的对应法律体系非常有意义。

一、通过法律规范使"两种产权"平等是实现农村土地健康有序流转的必要前提

受我国国情的显著影响，国有土地、集体土地产权之间形成了一时难以消除的"不平等关系"。所有权、使用权二者的分离，对国有土地、集体土地产权产生了截然不同的作用。法律明确规定使用权包含转让、抵押、出租三方面，但是农村集体土地并不能进行转让、抵押、出租，这在非农建设用地上体现得淋漓尽致。我国"两种产权、两个市场"的二元结构是在"不平等关系"长期影响下形成的。与此同时，跟国有土地使用权对比发现，农村集体土地使用权在权利内容、交易主体以及范围等诸多方面存在"不平等关系"。由此看来，我国目前亟须动用法律武器消除国有土地、集体土地产权之间的"不平等关系"，明确产权的主体，进一步推动国有土地、集体土地之间有机互补机制的建设。此举的推行，一方面可以在法律上实现国有土地、集体土地产权之间的平等；另一方面农地市场也会受到影响，其运作能够向有序化、良性化、法制化转变。

落实到实际工作的过程中，土地流转需坚守三个"必须"：第一，农民的土地经营权必须得到国家的全面保护。第二，国家必须要加强土地承包经营权的物权保护以及土地流转管理服务，将确权登记颁证工作作为重点逐步促进，鼓励土地向新型农业运营方转变，构建完善的工商企业租赁农户

承包耕地（森林、草地）准入和监督管理体制，引导农民利用"互利互换"模式处理承包地块的细则。第三，我国必须始终坚持土地流转原则（合法、自愿、有偿流转），把农民的想法和利益放在第一位考虑，保证农用土地不能毫无征兆的改变。

二、为农民享有真正的所有权提供法律保障

在法律上"集体"是中国现阶段农村土地所有权主体，但"集体"是一个模糊的概念，法律以及相关文件并没有明确规定谁代表集体行使土地所有权。这就直接导致了此权利现在由行政村组织来行使的情况。严格意义上说，行政村组织是一个党政不分、政社不分的行政附属组织，这就间接导致集体和农民之间的合理转化频繁受到阻碍，农民因此并不能享有土地所有权，只有行政村长才能够享有真正的土地所有权。而现实情况却更为糟糕，绝大多数村长只是实行权利不去履行义务，即便过程中出现纰漏，村长也不用更不会去承担责任，殊不知这最终会导致农村土地寻租。于是，修改土地管理法及相应法律法规成为国家亟须处理的工作，必须在法律上对谁代表集体行使土地所有权作出明确规定，消除行政村组织实行权利的现象，真正做到让农民享有真正的土地所有权以及土地的收益权。

三、要依法建立规范的农村土地市场流转机制

将土地流转带回到市场中去，采取优胜劣汰的机制会产生两方面积极作用：一方面农村土地流转的效率、土地的产

出率以及农村村民的生活水准都会得到大幅度提升，产生重大突破；另一方面这是国家建设和谐社会理所应当的事情。其实市场经济归根到底就是法治经济，中央政府必须及时地修改、完善并制定涉及农村土地流转问题的法律法规，使土地流转能够有法可依并得到牢固保障。例如前文提到与宪法不协调的《土地管理法》第63条，可改为"农民集体所有的土地使用权不得出让、转让或出租用于非农业建设；但符合土地利用总体规划并依法取得建设用地土地使用权的可依照法律规定发生转移"，使得农村土地流转能够有法可依。与此同时，为了更好地处理农村土地流转及相关问题，国家应及时制定并下发法律及相关规定。除此之外，地方政府或法院有关机构如何行之有效地处理土地流转产生的纠纷也成为国家迫切需要解决的难题。化解这个难题，我国必须修改、完善并制定涉及仲裁土地经营权流转纠纷的法律及相关文件，完善涉及土地经营权流转问题的处理机制；国家应设立专门的法院解决土地流转及有关问题，以便能够为解决土地经营权流转纠纷及时提供法律层面上的援助。

　　作为人们赖以生存的生活方式以及人类生产的根本，土地在市场经济逐渐同法律密切联系的现状下变得越来越重要。怎样提高乡村土地流动的效率与乡村的安定以及国家的繁荣昌盛息息相关。为了达到所有乡村土地流动市场都得到法律保障以及降低风险率的目的，我们要正确对待我国乡村土地缺乏法律保障的现状，继续扩容、优化律法，让法制与时代携手进步。❶

---

　　❶　朱坤，胡延龙，王欢.中国当前农村土地流转存在的法律缺陷及对策［J］.中国集体经济，2007（21）.

四、完善土地征用程序，赋予失地农民异议权

作为土地征用法则不可或缺的一员，土地征用流程是不是合理与土地征用结果的公平性息息相关。所以，创建适当的征用方案是优化土地征用法则必不可少的方法。第一，为了避免土地征用权被不合理使用情况的发生，个体单位要严查及核实征用土地的用处以及原因。在国务院和省、自治区以及直辖市政府特设专有部门，负责了解使用他人土地的原因，避免土地征用权被不合理使用情况的发生。另外，土地主体享有土地征用的异议权，以确保土地征用过程中的公平合理。在土地征用时可能牵涉很多有关利益人的权益。作为行政处分权方法之一，土地征用带有强迫实施的特色。我国执法部门要告知土地主体以及土地相关利益者，同时确定必需的通知日期。如果有关主体不同意土地征用的决策，最初的土地主体将拥有提出异议的权利，并且启动征用补偿的再次决策方案。当被征用土地主体不同意补偿时，此时应采取通过更高级别的复议部门或者法院发表其他建议或者进行行政申诉，来保障他们合理的利益。异议部门的创立会有助于维护土地主体的利益。由于被征用土地的人在土地征用过程中不具备有利因素，因此如果得不到法律的帮助，他们的利益一定会被损害。并且，异议部门对避免土地征用权不合理使用情况有帮助。土地征用机关拥有的自由决定权大有机会使决定权被不合理的使用。

增添听证会方案。在土地征用合理性、土地征用偿还措施等方面举办听证会，过程中要适当采纳被征用人以及相关利益者的建议，给被征用人以及相关利益者提出建议的同时，

把提出不同意见的权利交给被征用土地的主体。另外，增多
与被征地人相关的补助方案。当被征用者不满足于土地征用
与法律的关系以及土地征用的补助措施时，被征地者可以进
行诉讼、重新商定等。如果方案达不到维护利益的效果，应
进行申诉，向司法部门寻求帮助。

五、增加司法救济程序

针对我国缺乏土地征收救济模式，土地征收还将长时间
广泛存在，有的学者建议借鉴日本的土地征收委员等做法，
建立一个独立、专门的机构来裁决土地征收纠纷。笔者认为，
根据我国的现实国情，条件尚不足。权利保护的最终手段就
是救济，司法是确保社会公正的最后一道防线，而我国现行
法律并未明确给予被征地农民提供适当的司法救济途径，被
征地农民的某些纠纷虽然可以申请救济，但却得不到司法这
最后一道社会公正的防线的最终审查和保护。这不仅使得被
征地农民权益无法得到全面、有效的保护，也有违程序正义
原则，同时使得政府对土地征收权监督的缺失，也是造成大
量征地纠纷的重要原因。在立法上，应在当前土地征收程序
中引入司法审查，同时明确人民法院对土地征收案件的管辖
权。司法救助方案有四步：第一，向土地征收是不是满足公
益目的性进行申诉。第二，对土地征收补偿措施是不是恰当
进行申诉。第三，在土地被征收结束时，不在恰当时间里调
用或者属于公益性调用，或者在恰当时间里不能付全所有或

者大量土地补偿费提起诉讼。❶ 第四，应赋予被征地农民对征地程序违法提起行政诉讼的权利。建立健全系统的土地征收司法救济体系，是一个逐步发展和循序渐进的过程，仍有待于进一步的探讨和研究。

六、建立有效约束机制，避免政府暴力潜能

（1）弱化集体所有权，强化农民承包经营权。虽然目前我国农村土地承包法赋予了农民长期拥有土地使用权的权利，但也主要是对农业用地的土地产权进行了法律界定和认可，但对于土地征用后转化为非农业用地的农民土地产权并未作出明确规定。所以，要继续补充以及优化乡村土地产权法则，了解农民乡村土地所有权益者的利益，使得土地承包经营权具备物权，进而达到农民享有系统土地产权的资格。❷ 此外，在土地承包经营权性质通过农村土地承包法明确界定和划分后，土地管理法应对土地征用补偿制度的相关法律法规，如土地管理法等，作出相应的修改和完善，使法律之间能够有效衔接，互相提供法律依据。

（2）提高农民组织化程度，实现行政部门和农户之间的直接联系。现实中，土地征用原则的起源就是各个利益集团的经济竞争，由优胜方确定权利范畴。尽管我国农业人口数量大，但是缺乏力量优势，农民和普通利益集团对政治权利存在敬畏心理，因此，农民在征地制度规则制定方面仍处于劣势。

---

❶ 曹艳芝. 我国农村土地征收中存在的问题及其制度完善 [J]. 社会科学家，2006（2）：97-100.

❷ 钱忠好. 中国农村土地制度变迁和创新研究（Ⅲ）[M]. 北京：中国农业出版社，2010.

要改善农民目前在征地规则制定中的尴尬处境，就必须优化农户组织水平。透过强化农村社区性合作经济形式、专业合作经济形式、股份合作制经济形式和协助形式等构建，引导农民形成能与政府直接沟通的农民组织，在谈及征地等相关问题时保障农民拥有与其群体比例相对称的话语权，实现政府与农民直接沟通，提高农民地位。

（3）立法规范土地征用，完善征地程序。土地利用规划是保护农地和农民土地权益的有效手段，加强土地征用的规划和管制，严防出现随意修改土地整体利用规划、变更土地利用性质的现象。同时，加强政府监督，建立与土地征用相关的法律法规，完善征地的调查、审批和监督程序，杜绝滥征滥用等违法土地征收行为。此外，实行土地征用听证制度，建立土地纠纷仲裁机构。通过土地征用主体和相对人直接沟通，仲裁机构裁决征地争议，以此来保障土地征用的合法性和公平性。大力推进农村土地登记工作，明确登记土地信息，颁发土地权利证书，从法律角度有效地确认和保护农民土地权益。

第二节　重构农地产权制度，公平分配征地补偿

农村首要的经济关系以及政治关系是农民同乡村土地的关系。把农村土地产权制度改革作为主体的农村集体资产产权制度的改革，是当下创建社会主义新农村的措施。土地确权工作完成后，有助于使农民的土地物权得到有效保障，并最终形成归属清晰、权能完整、权益保障、保护严格、流转

顺畅、分配合理的农地产权制度。这既是建立国家和地方、城乡统一的土地流转交易市场的前提，更是激发"三农"发展新活力的内在要求。在由农业部、财政部和国土资源部等联合下发的《关于认真做好农村土地承包经营权确权登记颁证工作的意见》中明确指出：农地产权确权进行登记以及颁写证书是具体进行的土地承包过程记录，是优化乡村基础运营体制，维护农户农地权益，力助现代农业进步，完备乡村管理制度的主要基本任务，关乎乡村可持续发展以及数亿农户的权益。因此，我们必须给予农地产权确权足够的重视。

一、深入开展土地确权颁证工作，重新划分农村土地

现阶段，我国土地确权工作主要涉及四个方面，即农村集体土地、村民组未分配土地、城市郊区非经营性用地和宅基地。

首先，农村集体土地是我国城镇化进程中农村土地制度改革的重点，确权工作是否到位，直接关系到农民的切身利益、土地流转工作和城镇化建设进程。现阶段，多数农民仅以一纸承包合同证明所使用的土地范围，但对于使用权却并没有直接的文件证明。在我国城镇化快速发展和大力推进土地改革工作的今天，土地使用权确权颁证显得尤为重要。

根据农村土地管理法的规定，我国农村土地承包产权30年不变。在广大农村形成了一种土地"生不增，死不减"的不成文约定。因嫁娶、婚丧产生的人员增减并没有相应的土地增减，农户人多地少和人少地多的情况广泛存在；办理户口转移的大学生依旧可以保留其在农村的土地。这样的土地分配严重缺乏公平性，严重不利于资源的优化配置。现阶段，

在大部分开展土地确权工作的地区，大多是对每户农民现有土地进行丈量、确权和颁证，这就在一定程度上表现出了不公平性和不合理性。鉴于此，我们必须改进土地确权方式，重新划分土地。国家可以乡或县为划分界限，对农村土地进行整体区域性确权，并颁发整体土地使用权证。在一整体确权区域内，按照实际人口数量重新划分土地，公平、合理地完成土地确权颁证工作。

目前，在众多开展农村集体土地确权颁证工作的区域中，四川省眉山市、黑龙江省克山县和海南省的确权办证工作取得的成绩较为突出。

1. 四川眉山积极推进土地确权登记颁证❶

四川省是国家认定的乡村土地承包经营权确权登记系统的实验省，并且眉山市的确权登记颁证效果在四川省名列前茅。现在，权利确定及登记发放证书已经覆盖了整个四川省，其中实现航摄的乡村地域达 86 个，开展农村土地承包经营权调查的有 26 个乡镇，5 个乡镇已经初步实现目标，土地实现达到 9 万余亩。

土地权利关系到农民的自身权益，眉山市设立了了解相关机制、核实人数、集体学习、普及鼓励、了解实际情况、进行登记簿登记、记录发放证书、整理归档、归纳核实九个环节，称为"九步工作法"，来保证确权登记颁证方面在同一个层次展开。同时眉山市在乡村土地权利确定记录颁发证书方面执行六大规则，包括落实法规，维护平稳水平，看重实际效果，发扬自己协商，以区县作为单位以及确保信息不外露，鼓励大家热情加入，了解农民群体真实想法，在权利

---

❶ 王明峰. 关注农村土地确权：农民吃下定心丸［J］. 人民日报-新农村周刊，2014-8-10.

确定以及登记发放证书过程中的重要事件一律要由该单位经济相关人员会议研讨商定，以保证权利确定及登记发放证书过程中不会有不合理的情况发生。

由于宣传做得好，群众参与的积极性较高，大量离开家乡到外地工作的农民接二连三地回到家乡，委托亲戚朋友或左邻右舍，积极与所在地工作者配合，按照航空拍摄的地貌，对田地、边界、耕种区域范围等进行确定，在提意见、作核查、进行公告的基础上，使农民对确定的土地合约予以认可，然后签名、盖公章。

河坝子镇作为一个土地改革的试点城镇，在推进过程中摸索出了"两到场两集中一委托"的工作经验。"两到场"具体指作业部门进行调研时，以及进行外业工作过程中，让全面掌握实际情况的界人与进行土地承包的农民到现场对界限予以明确。"两集中"具体指作业部门在全面做好外业工作并整理出一套图文资料的基础上，首次向村民进行统一公告，让他们进行签名予以明确；第一次公告后，若有更改的，还要进行第二次公告，同时对承包合约进行统一签署。"一委托"具体指离乡打工的农民不能自己去办理各种手续时，要委托亲戚或朋友等签署承包合同书，同时处理确权事宜。

在土地确权登记颁证试点工作中，"外嫁女""入赘男"、回到家乡进行创业的大学生成为开展确权工作的一大难题，在具体操办过程中，眉山市是怎么做的？

据了解，青神县在具体操作时，把河坝子镇当作一个试点单位，对工作具体推进中出现的上述独特人群，具体是这样进行操作的：

（1）"外嫁女"与"入赘男"。就外嫁女而言，如果迁入地还没有进行土地承包，可以通过所在地集体经济组织办理确权手续，然后进行登记，并对其办理有关凭证；对于入赘男而言，如果发包一方对迁出的土地进行了回收，可以通过所在地集体经济组织办理有关手续，以家庭为单位享有对土地的运营权。这种操作方式，能够确保这两类群体享有土地承包运营权。

（2）回到乡村进行创业的大学生。尽管这些人在求学时把户口迁离了所在家乡，不过，根据有关法律规定，还是具有土地承包权的。从实际出发，在法律规定范围下办理确权手续，不允许跳过法律程序对承包的土地进行收回。不同组织运用多式多样的激励手段，对大学生返回乡村进行土地承包，从而壮大土地运营规模，并对发展现代化农业予以支持。

（3）全迁户与五保户。在土地承包时间段中，如果承包方不是所有人口都搬离原在地进入设区地，户口性质依旧是农业户口的，其依法享有土地承包权。对五保户来说，如果其尚未过世，根据二轮土地承包的有关规定办理确权手续。在开展确权工作时，就尚未划分清楚及历史遗留问题，先依据有关法律进行处理，再办理确权手续，要不然就过一段时间再进行确权。与此同时，最大化推行村民自治，对于重要的决策等，由集体经济组织会员或有关代表进行决议，依法保障村民的民主权利，体现村民自治功能。

东坡区土地乡是眉山市下辖的一个乡级组织，刘正德是该乡的党委书记，他对土地确权的好处是这样理解的：办理了土地确权手续，拿到了"红本本"，大量农民就相当于拥有了一颗"定心丸"，不管家庭出现什么情况，或是离乡去打工，或是对土地进行征收使用等，都能够对享有运营权的土地进行全面的了解，这一方面避免了出现土地争议，另一方面能够扩大农民的经济来源。

眉山市农业局工作人员建议，在短时间内建立健全有关的规章制度，需要通过法律的形式予以实现。就农村土地而言，承包关系在很长一段时间内不会发生变化；目前，农民转为城市户口时，农民依法享有对土地进行承包的权利以及对宅基地进行使用的权利等；对承包经营的土地在筹集经费时可以向金融单位进行抵押处理等。

2. 黑龙江克山县完成土地确权

2009 年，"仁发现代农业农机专业合作社"成立。这个在克山县成立的合作社，是我国首批成立的合作社之一。该社负责人李凤玉如今成为一个家喻户晓的人物。每年，农业部、高校、银行系统等都会安排团队前来取经，许多在别的区域成立的合作社也都纷纷前来学习其成功经验。

如今，仁发现代农业农机专业合作社是克山县最大的合作社，也是黑龙江省规模最大的合作社。从 2013 年年底的数据可知，仁发合作社的社员有 2 436 户，加入合作社的土地是5.015 9万亩，这些土地中，用来种玉米的土地是 30 000 亩，用来种马铃薯的土地是 10 000 亩，用来种大豆的土地是 10 000 亩，种西瓜与香瓜的土地是 159 亩。与大部分农合社相同，其由一直沿袭的分散化运营朝着规模化、专业化方面发展。经费是合作社发展过程中需要解决的最大难题，怎样增加乡村资金借贷用来进行抵押的货物的范畴，让乡村闲置待用的土地"活"起来，这是监督管理机构与金融单位迫切需要解决的难题。

为推行土地确权制度，克山政府出台了系列措施推动农民对土地进行承包经营，为土地确权提供登记服务。在近段时间，哈尔滨银行首度为农民提供用土地资产进行抵押的资金借贷业务，第一笔贷款发放额度是 1 500 万元。在从某种意义上而言，这 1 500 万元提供了破解农民筹集经费困难的全新方式。

对传统农业而言，由于周期长、投入资金获得的回报不高，受到自然灾害影响较大等原因，进行农业资金借贷存在较高风险性。一方面，在进行价格确定时，农民基本上无法承担较高额度的利息。另一方面，单单从运营层面而言，根据"收益覆盖"的风险性基本要求，为农民提供农业性资金借贷对银行来说是不划算的。

为让金融组织在信用资金借贷方面扶持"农业、农民、农村"发展，监督管理机构制定并实施了大量优惠制度，如推行弹性存款贷款考评，对发放"农业、农民、农村"专项经费填补与三农有关的信用资金借贷来源予以支持。就地方政府来说，实施系列补贴制度，可对乡村出现的金融风险所需资金进行科学的弥补。与此同时，黑龙江省正在研究摸索多个级别财政经费补助与农民经费支出相结合的农业保险制度，将银行资金借贷的风险进行分散。❶

3. 海南推进农村土地确权登记

2014 年 3 月 19 日，海南省完成农村土地测量面积 58.2 万亩，其中 9.5 万亩已颁发农村土地承包经营权证。海南省农业厅表示，2015 年海南省每个市县至少选择 2 个乡镇开展确权登记试点工作，计划 2015 年年底前基本完成农村土地确权工作，将 95% 的农用地确权到户。

土地确权是实现农村土地规范流转的前提。2015 年是深化改革年，海南省加快推进农村土地确权，到今年底三亚市、东方市做到了确权工作全覆盖；而儋州市、昌江县则以上一

---

❶ 1500 万首笔土地经营权抵押贷款始末［EB/OL］. 21 世纪经济报道，2014-9-29.

年的工作为前提，再添加 2 个试点单位；就海口市来说，所有区最低要做到 1 个村镇完成土地确权试点全覆盖；另外的市、县则最低要有 2 个完成土地确权试点全覆盖。各市县的试点乡镇必须将 95% 以上的农村集体农用地确权到户，农村土地承包经营权证书到户率达 95% 以上，"三过"（期限过长、面积过大、租金过低）等农村土地流转违法违规问题整改率达 95% 以上。

根据工作方案，三亚市、东方市要全面健全农村土地承包经营权流转服务网络和农村土地承包管理电子信息系统，完善市级农村土地承包经营纠纷仲裁庭建设，其他市县要建立市县级和试点乡镇农村土地承包管理电子信息系统、农村土地承包经营权流转服务平台和市县级农村土地承包经营纠纷仲裁庭。

海南省农业厅厅长江华安介绍，为推进工作，海南省将制定工作指南和技术规程，出台检验验收标准，建立工作进展通报制度，建立覆盖省、市县、乡镇三级农村土地承包经营管理信息平台。同时，针对试点工作中基层反映的问题进行总结归纳，逐条研究可行性方案，下发《确权登记颁证工作有关问题处理意见》。

同时，镇化发展过程中，由于城市面积不断扩张，城郊土地不断被挤占。为顺应城市建设整体趋势，土地确权工作势在必行。通过确权，国家应该赋予城郊土地与城市土地同等的国有性质。确权后的土地，将统一纳入土地交易流转市场，同价同权同酬，直接为城市发展所用，城郊居民就地城镇化。土地流转产生的增值收益，由依法享有土地使用权者所有，农民按照规定缴纳一定的交易税给政府，政府也不再从土地增值收益中抽成。

　　除已分配的农地和宅基地外，农村中还存在部分村民组未分配土地。这部分土地的存在，并不一定会为当地农民的发展带来收益，但是可以肯定的是，必定会滋生腐败。由于这部分土地由村集体直接控制，农民的知情权受到很大约束。因此，当涉及土地承包或流转时，农民的监督力下降，村干部易于暗箱操作，从中得利。所以，为避免农民利益受损，在本轮土地改革中，政府必须彻底摸清农村土地的具体使用情况。对于村民组未分配土地，不予颁发村集体土地使用权证书。同时，根据未分配土地面积的大小和田质好坏，全部均等分至每户农民。

　　此外，还应给予农村宅基地等同于城市商品房的权利和待遇。现阶段，我国法律明确规定，农村宅基地属于集体所有，村民不得随意买卖或交易。同时，城市居民也不得随意到农村购买宅基地。纵观我国城乡发展现状，这样的规定明显已经严重背离了农村和城市的发展趋势。一方面，农村土地流转后，农民失去在农村生存的基本生产资料，大部分人开始向城市转移，农村住宅大多空置，产生大量空心村。另一方面，当城市化发展到一定阶段后，必然出现"逆城市化"，大量城市居民为降低交通拥挤、犯罪增长、污染严重等城市问题带来的压力，会自主的由城市转移至乡村。此时，就产生了一个问题，城乡人口流动增加，农民到城市生活可自主购买城市商品房，而到农村生活的城市居民却因受到法律限制而无法获得住宅。这不仅违反经济学的发展规律，更扰乱了社会发展规律。所以，我国必须放开对农村宅基地的限制，赋予其等同于城市商品房的交易权利和待遇。农村居民凡年满18周岁以上，将由村集体平等分配宅基地。对于有意愿去城市生活的农民，允许其自由买卖所拥有的宅基地。

宅基地一旦经过一次性买卖，将不再给其批宅基地。对于到农村生活的城市居民，允许其购买能够满足其生活要求的宅基地，最多不得超过两处。

二、推进城乡统一的不动产登记制度

中国共产党第十八届三中全会强调，建立城市与乡镇集中使用土地进行建设的体系，对宅基地管理进一步进行改革，能够推动城镇化步伐，清除户籍制度改革过程中出现的阻挠，具有重大历史意义。所以，推行城镇与乡村的不动产登记制度，在土地使用上，能够让农民享有更多的话语权，切实做到同地同价与同权。不过，相伴而来的是国内现阶段实行的土地管理制度将出现翻天覆地的变化。如今，部分规模较大的城市出现了大量的城中村，它们是进行城市扩建的产物。根据现阶段的常规做法，基本上是通过政府机构把土地进行收回变成国有土地，然后给居民一定的经济补助，政府机构再把这些土地进行拍卖。因此，在把土地进行确权处理的基础上，能够最大化保障居民的土地使用权，从而解决政府过多的推行"土地财政"制度。

如果对归属集体所有的土地进行确权登记，那么，会造成现阶段城市在土地管理方面进行重大改革。若这些土地得到了最大化的赋权，相伴而来的是如何对土地权予以表现。从城市土地角度而言，进行不动产登记是基础工程，是无法把现阶段土地管理中出现的一切问题进行彻底解决的。不过，从中可知，现阶段碰到难题的部分改革便能够扎实进行。例如房地产税，如果在推行不动产登记的基础上可以促进土地改革，让居民享有全部处理权，能够为征收房地产税提供前提条件。

建立全国性的专业土地登记部门，将现阶段在不同单位登记的土地、林地与基地等进行统一的登记处理。对土地进行集中登记处理，必须进行集中式地籍调研，形成统一的土地类别划分基本原则，从而解决现行的不同单位独自进行地籍调研，土地类型划分基准不同的问题。对地籍进行调查，可以采取两种方式进行。第一，通过政府进行调查；第二，通过产权人授权中介机构进行调查。不过，第二种调查要在法律层面上切实对调查结果负起相关责任。要进一步促进土改，将来可以考虑根据实际采取与传统上不一样的方式进行地籍调查。比如，部分地区通过政府机构进行地籍调查，部分地区授权中介机构进行地籍调查，部分地区能够把上述两种方式结合进行进行调查。如果是授权中介机构调查的，得到的结果必须经过政府有关部门进行核验。如此一来，能够推动土改，尽快形成全区域覆盖的系统，对我国的地籍进行信息化管理。❶

三、发展现代化农业，建设现代化农村

农地产权重构的内涵不仅在于农村集体土地使用权确权和重新划分土地，更深层次的意义在于重新整合农地资源。

现阶段，我国的农业经营是以家庭经营为主要形式的小农经济模式，"三农"学者何雪峰认为这一模式应成为我国农业发展继续坚持的道路。他曾指出，当前中国三农政策的重点仍然应当是保护 2 亿多户小农，而不是培养所谓新型农

❶ 黄小虎. 关于土地管理制度改革的若干建议［J］. 开放导报，2013（6）.

业经营主体。对于这一观点，笔者认为，与其保护小农现有利益，不如赋予其更多的利益，而能为农民带来更多利益的主体正是那些新型农业经营主体。

2015年发布的中央一号文件中，提到了重要的一点：中国要强，农业必须强。发展规模、集约的现代化农业是农业和农村发展的必然趋势，也是实现农业强大的必然选择。我国必须积极探索现代化农业发展路径，集中农村土地资源，走供销社和机械化大农场作业道路。以土地信托方式，将农村土地打包委托给信托公司，再由信托公司将土地转包给大公司或农场主。当土地实现规模化经营后，有劳动能力的农民可就地就业于现代企业集团和农场，不愿继续从事农业生产的村民可自由流动至城市。同时，当土地集约化发展到一定程度后，为便于生产和管理，还应彻底取缔农村基层组织，直接由现代企业集团和大农场主担任农村基层组织。这样不仅解决了失地农民的就业问题，解放了农村劳动力，更提升了当地的农业生产效率，带动当地经济进步。

有人认为，土地是农民最重要的生产和生活资料，我们不应将农村土地全部集中或流转承包，应该保留农村留守老人的土地，以保障其生活。并且，大量城市资本下乡可能会过度集中土地，易产生"只占不用"或"投机"行为等，将不利于发展当地经济。政府应当时时控制城市资本下乡的数量，以保证农村正常发展。这一观点，实际上就是对社会发展和政府政策的认知不清。一方面，留守老人去世后，其使用的土地依旧面临需要重新划分和流转等众多问题，这就直接导致这部分土地成为土地改革中无法逾越的一道屏障。我国大力倡导全面建成小康社会，释放人口改革红利。以土地作为养老保障，将农民继续束缚在农村的想法，已经不适于我国现阶段的社会发展要求。关系农民生存利益的核心并不是农民拥有土地的多少，而是农村社会保障工作能否到位。另一方面，城市资本下乡是带动农村经济发展的重要推力，是市场发展的一部分。当城市资本注入过量时，市场将会自发调节，使多余的城市资本流向其他需要资金的地区，从而自然实现资金配置的平衡。因此，无须政府过多干预。

四、规范征地行为，改革补偿、安置制度

1. 对公众利益予以明确，对征地予以规范

目前，我国在土地征用的公共目的和公共利益的界定方面仍不清晰，但为防止因不当行使国家权力而使私权受到危害，世界各国始终把公众利益看成征地的有且仅有的一个借口。尽管我国《宪法》明确指出，一定要在公众有所利益需求时，才允许开展土地征用。然而，相关法律、法规等并没有对什么是公众利益予以明确，反而把《宪法》中明确规定的征用土地的范畴进行扩充，不仅是公共利益需求，还包括全部需要用到土地的项目。这样的做法和征地现状，在世界上是从未有过的。

所以，国家若想顺利推进正当的土地征收进程，进一步确保农民的合法利益不受侵犯，一定要对征地予以规范，对公众利益予以明确，同时确保公众目的清楚明朗。对道路建设、公共医疗、名胜古迹级风景区保护、生态环境保护等公益性用地，可采取政府土地征收方式，同时给予合理的征地补偿。对商业用地、工业用地等营利性用地，应打破政府垄断。充分发挥市场的作用，在退地利用整体规划的指导下，积极引导农民将土地的运营权进行转让，通过入股、出租等

手段，参加到相应的项目中去，全程参与项目运营与开发。

2. 明确土地产权，进一步健全征地补助机制

各发达国家在进行征地补偿过程中，充分考虑了各方面的因素。就加拿大来说，其征地部门推行"法律出价"制度，该制度通常涵盖了四个方面，分别是征用土地部分、负面影响、干扰损失以及再次安排补助四大部分的补偿。就英国而言，涵盖了土地补偿以及建筑物补偿、残余土地划分补偿、土地出租权损害补偿等。就德国而言，包括了土地运营亏损、标的物与所有附带的经济亏损补偿等。就日本而言，包括了征地经济亏损、通损、事件亏损等方面的补偿等。就韩国而言，涵盖了土地价格、迁移支出等方面的经济补偿等。❶

我国的征地补偿考虑要素颇为狭隘，补偿主体混乱，需扭转不同主体争占补偿资金的局面。①要对土地所有权予以明确。若权利主体不清，有关部门就会出现搭顺风车行为。要对土地范围内的产权予以明确，首先要对其产权予以确定，不过，如今最重要的是对集体土地的产权进行统一，从而改变三级所有的情况。接下来在法律与承包合约的基础上，进一步确定土地运营权的具体事项。如此一来，对征用土地进行经费补偿时便能够最大程度避免出现矛盾与争议。此外，需进一步健全土地承包经营的有关事宜。就承包运营权而言，其属于物权，同时以土地为基础，因此，对其进行登记与发证管理十分关键。从某种意义上来说，其和土地使用要基本相同。如此一来，权利在证券化的基础上能够对土地的价值进行量化处理，制定法律时，可以对其进行确定。②要从实

---

❶ 钱忠好. 中国农村土地制度变迁和创新研究（Ⅲ）［M］. 北京：中国农业出版社，2010.

际出发，对现阶段实行的土地补偿进行类别划分，添加山地、草地、林地等承包运营权以及对宅基地进行补偿的类型与标准。详细来说，包括：在土地征用部门确定的对土地进行征用的那一天，以土地或别的标的物的实际市值为基准；此外，并非把补偿给予集体，而给予个人。如此一来，能够切实保障所有土地产权所有者，同时保证了农用土地产权制度的完整性，切实做到公正公平地进行征地补偿。

3. 扩展征地补偿范畴，提升征地补偿基准

（1）扩大补偿范畴。目前，国内对征地进行补偿包括三个部分，具体是土地、安置、土地附着物与青苗三方面的经济补偿。这和农民在征地过程中受到的经济亏损相比，远远要低得多，需进一步扩大征地补偿范畴，如添加邻近土地损失、增值损失等方面的补偿。政府通过不高的价格将土地进行征用，然后通过较高的价格进行出卖，差值巨大，但是事实上，农民无法享有这部分差值。土地征收用来建设城市，应该让农民享有城镇化、工业化带来的红利，从而进一步减少城镇与乡村的差距，而并非进一步扩大这个差距。❶ 在城镇化进程与推动工业化发展过程中，农民是建设者，也要成为获利者。国家要对土地征用后价值增加的部分予以承认，同时让农民从中获利，不可把这部分增加的价值归结于工业发展，对农民的贡献予以忽略。

（2）提升征地补偿基准。就我国现阶段而言，进行征地补偿时是以土地原来的用途为基准的，以征用土地数年间的生产价值为前提，征用土地的经济补偿较低，和市场经济基准相背离，侵犯了农民的合法利益。土地作为生产不可或缺

---

❶ 李强. 中国土地征收法律制度研究 [J]. 民商法周刊.

的因素，价格需按照供应与需求的辩证关系进行确定，按照其以后的用途、质量、供应需求关系、社保等条件，与所在地被征用土地农民以后的生存需要有机结合，在减少建设的经费支出时，不可侵犯农民的合法权益。因此，必须形成可以客观、全方位体现土地市值、资产与社保价值的合理的土地价格评估机制。

4. 丰富补偿安置方式，为征地农民提供社会保障

土地是农民安身立命之本，承载着三项功能：一是收入功能；二是就业功能；三是社会保障功能。土地一旦被征收，农民也就失去了基本生产资料，虽然可以得到一笔较大数额的补偿款，但因其就业技能低，很难找到工作。有些地方土地被征收后，农民补偿款一到手，就上了赌桌。有人感慨城市开发到哪里，赌博歪风就刮到哪里，败坏了社会风气。因此，土地征收后如何重新安置农民，使他们获得新的职业和谋生手段，被征地农民如何实现转型的问题是关键，只有解决好了整个社会才可能长久稳定下去。

（1）丰富补偿安置方式。对于农民而言，土地被征收，也就意味着失去了在土地上获得劳动就业的权利。因此，国家在给予被征地者货币补偿的同时，还要给予合理安置，以农民的需求为出发点，通过法律作出归纳性要求，在具体操作时可以灵活把握，例如运用征用补偿与安置经济补偿为农民进行投保、兴建市场、开办公司等，多途径、全方位推动被征地农民进行工作，强化对这些农民的岗前教育，在资金借贷、税收等方面对被征用土地农民创业与自主就业时予以支持。

（2）把失去土地的农民纳入城市与乡镇社保范围。土地对于农民而言担负着生活保障功能，一旦土地被征收，农民

也就失去了生活保障的承载体。因此，政府在给予被征地农民的补偿重心要放在被征地农民的生产和生活保障上，以保证被征地农民有长远生计的保障。政府动用土地征收权是为了城市化和工业化的发展，目的是为了提高公民的福利水平，那么失去土地的农民也应当同等享有这种发展的权利，所以，应将被征地农民纳入城镇社会保障体系，确保被征地农民基本生活长期有保障，否则其生存权就要面临威胁。如果被征地农民的生存权受到威胁，民生工程就难以推进，随之而来的将会是一系列的社会问题，严重影响新农村的建设，进而影响整个社会的稳定发展。

对征地进行补偿时，在进行经济补偿的基础上，还需努力摸索社保、入股、异地移民等各式各样的全面的安排方式，统筹建立全国性被征地农民账户与保障专项经费，有效保障被征地农民的合法权益。与此同时，为让被征地农民能够更好地进行生活，需增加社保税收，进一步健全社保机制。从国家层面而言，要进一步强化被征地农民免费职培与就业指导，同时提供一定的经济补偿，这是因为政府机构为农民建立健全社保机制，同时形成功能完善的农保体系，需要一段较长的时间。因此，首先要健全乡村社保体系，让在征用土地过程中获利的农民承担一定百分比的集体社保经费。

深化产权改革必须解放思想，下大力气推进。全面确立并维护农民的土地财产权对中国社会经济长远稳定发展具有战略意义，必须扎扎实实做到底，不能留下走回头路的空间。改革的主管部门首先要更新观念。给农民长久不变的土地财产权，即使它类似于土地私有权，也没什么可怕。政府因确立和保护农民的土地财产权，看起来压缩了自己的权利空间，实际上，政府可就土地产权导致的公众问题进行科学的干预，通过这样的方式确保公平运用资源，从而促进经济发展持续向前推进。

第三节　健全统一流转市场，转变农业发展模式

如今，农业发展日新月异，就对土地产权进行承包而言，其流通性变得越来越强，农村土地流转已成为发展现代农业，实现农产品区域化和标准化生产，促进农业增效和农民增收的有效途径。如何有效开展农村土地确权工作，推动土地流转顺利完成，已成为农村土地流转服务和管理的重要基础性工作。

一、成立农村土地确权机构，建立中央和地方两级土地流转交易市场

随着新一轮城镇化的推进，农村地权变动将会更加剧烈和复杂。中共十八届三中全会就改革发展等问题进行了讨论，同时一致通过了《中共中央关于全面深化改革若干重大问题的决定》，会议上提到的农村土地改革方案令人振奋。该《决定》中提出，建立乡村土地产权运营交易中心，从而使交易公平、公正、有序地进行，形成统一的、不保守的、竞争有序的市场体系，是使市场在资源配置中起决定性作用的基础。

首先，为更好地完成土地确权工作，国家应于国土资源部自上而下地成立专门进行农村土地确权工作的机构，就如何确权颁证、怎样建立土地流转市场以及交易市场的监管机

制等作出明确规定。以立法的形式规范土地确权颁证和流转，加强政府监管和社会舆论监督。在土地确权工作人员的选拔方面，国家和政府应该大胆启用大学生。当前，我国的就业形势相对严峻，每年有大量高校毕业生无法正常就业，造成了严重的人力资源浪费。而土地确权工作对人员素质要求相对较高，需要大量的专业人才，大学生具备一定的专业基础，且接受新事物能力较强。因此，可广泛吸收待就业和已就业大学生参加到土地确权工作中来。在确权工作中，表现突出的人才可直接转为当地土地管理工作的正式工作人员，专门从事当地土地管理工作。在完成土地确权工作的同时，能更好地挖掘大学生潜力，充实政府土地管理部门的人才队伍，进而为制定更为合理的土地管理政策提供保障。

其次，建立中央和地方两级土地流转交易市场，主要指分别建立由国家直接控制的中央土地流转市场和由县乡管理的地方土地流转交易市场。基层政府汇总当地土地确权信息，将已流转土地、未流转土地和可流转土地的基本信息分类登记，包括土地位置、面积、品质、使用人、流转期限等。确权工作完成后，所有数据信息统一纳入全国土地管理信息系统，同时与中央和地方两级土地流转交易市场实现资源共享。针对大面积土地交易或跨区域的全国性土地流转交易，主要通过国家土地流转电子信息平台完成。县乡之间或村集体内部的土地流转，通过地方县乡土地流转交易市场即可完成交易。

一旦中央和地方两级土地流转交易市场建成，土地流转将不再受时间和地域限制，在不改变使用性质的前提下，可在全国范围内或跨区域自由承包流转，这不仅有利于土地资源的优化配置，对释放劳动力和推进地方经济发展也具有重大的积极作用。

以山东省潍坊市的农村产权资本化交易市场为例：山东省潍坊市寒亭区于 2010 年 5 月建立农村产权资本化交易市场，对全区农村产权交易提供全方位服务。该产权市场通过设立交易信息网站，利用区、镇（街）、村的三级网络化组织体系，为全区农民土地承包经营权流转交易、农村集体资产共有化股权交易、农村集体建设用地使用权交易、农民宅基地使用权交易、农村知识产权交易和农村林权交易等农村产权合法流转提供政策咨询、信息交流、交易指导、合同鉴证等一站式综合服务。目前，依托农村产权资本化交易市场，全区已流转土地 8.6 万亩，占全区农村土地的 21%，涉及农户近 3 万户，有 11 宗农业知识产权正在挂牌交易，涉及金额 555.2 万元。❶

据山东省金融办介绍，潍坊市寒亭区农村产权资本化交易市场是全省首家开展农村产权交易的市场平台，实行无偿服务，区政府将运转费列入专项经费优先列支。交易市场的设立，有效加强了对交易行为的指导和监管，营造了公开透明、规范有序的市场秩序，保障了交易双方的合法权益，促进了农村产权资本化交易的健康发展。

最后，据佛山南海区集体建设用地入市调研报告指出，南海区在充分运用集体土地的基础上，创新推进发展工业与现代农业，进一步推动城镇化工作建设步伐，形成了涵盖确权登记、土地所有权流转交易中心、基础性土地价格机制等于一体的运用集体土地进行建设的入市体系，和传统在"土地财政"基础上发展工业与助力城镇化发展不一样，南海区

---

❶ 李兆辉．山东首个农村交易产权市场流转土地 8.6 万亩 [EB/OL].大众网，2013-11-18.

基本上是在运用集体土地进行项目建设的基础上进行的。南海区的这一做法，始于 1990 年，为了得到更多的土地兴建企业，其以成立乡村、城镇公司为由征用土地，接下来把征到的土地进行出租，用来建设企业。2012 年，该区工业生产总值为 4 226 亿元，超过 50% 的用于发展工业的土地都是集体土地，这些土地为该区发展工业起到了不可磨灭的作用。❶

南海区集体建设用地进入市场，实现了政府与农民、农村与城镇发展的共赢，就村组进行分红方面而言，2008 年是 16.8 亿元，2012 年则上升为 26.7 亿元，平均每个人获得的红利在 2008 年是 2 347 元，而 2013 年上升到 3 516 元。南海区多年的实践证明，集体建设用地入市为南海区经济健康有序向前推进，提高居民经济收入，加快城镇化步伐起到重要的推动作用，为别的地区经济发展提供了翔实的参考。

进一步完善土地流转机构，其重要性包括：第一，要科学合理地掌握乡村土地流转的新常态，进一步确保家庭承包能够稳定地进行生产经营，以此为基础，让土地进行科学的流转，这是推动农业化发展的有效途径，贯彻党的政策的具体体现。农民能够在很长一段时间内对土地进行承包，这是土地进行流转的基础，也是流转市场得以发展的前提条件。与此同时，由于家庭承包分工不断向前发展，一定程度上为该市场的形成做好了铺垫，少数农民发展为农业法人，或者变成公司法人，从而完成了角色转变；一些农民长时间离开经济发展水平低下的农村，到经济发展较好的地区务农，这让他们拥有承包经营权的土地具备了流转的基础条件。此外，就农业而言，其效应不好，成为农民不再承包土地的关键性

---

❶ 刘守英.同地同权是农村土地制度改革核心［N］.南方日报，2013-12-21.

因素，这是土地进行流转的一大推动因素。

第二，对土地承包的运营权进行流转，是进一步推动乡村改革发展的必然要求。首先，一方面，确保了承包关系无波动；另一方面，在二轮承包的基础上，农民得到了无波动的、较长时间的运营权。不过，由于农业的比较效应差，部分农地虽然坚持进行土地承包，但并未进行土地经营。采取在进行确权处理的基础上进行流转的手段，既维持了土地承包运营权，又让土地产权"活"了起来。其次，有利于农业结构的优化组合。在对土地进行流转的基础上，让务农能手与务农大户拥有了土地，从而改变了种植结构。再次，对土地承包的运营权进行流转，让土地收益变得更加稳定。最后，政府改变了传统的工作方式，增强了实体经济发展的水平。

第三，形成土地承包运营权流转市场，能够切实保障农民的合法权益不受侵犯，促进社会和谐。

近些年来，土地承包经营权的流转有许多亟待解决的问题，比如流转土地信息不畅，有的地方借农村土地流转之名，随便改变土地的使用用途。没有切实管用的制度性指导，缺乏制定统一的法律，导致在很长时间内土地流转无法可依、无制度可依据等。

流转交易市场建立后，最大的好处就是让农村多余土地和闲置土地得以合理利用，让闲置荒废的土地能够真正流转到需要的人手中，在需要的人和懂得利用的人手中发挥最大的作用和价值。当土地得以合理利用后，既能为农民群众产生更大的经济价值，也能为社会的发展和国民经济作出贡献，当土地集约化使用时，还可建立起围绕农业的企业，在发展经济的同时，解决大量农业人口的就业问题。同时，因农民外出务工产生的闲置土地，在土地流转交易市场建立后，外出务工的农民便可将土地的经营权进行出让，获得经济上的补偿，对购买其经营权的个人或企业来讲，在他们手中土地的价值也能最大化，最终实现当事双方的共赢。

二、规范流转程序，平稳推进土地流转进程

根据农业部的统计数据显示，近年来我国的土地流转呈现加速前进的态势。2012 年，我国家庭承包经营耕地流转面积占承包地总面积超过 20%，2013 年超过 1/4。2014 年年底更是超过 1/3，可见经济增长对农村土地改革的推动。数据的增加直接表现出了我国在推进土地流转工作上取得的成就。农业部部长韩长赋表示，从 2014 年全国"两会"以后，我国实行农村土地改革方案，把当前土地集体所有权过渡到农户承包权，实行两权分离制度，农民拥有土地所有权和经营权，而经营权可以出售，用于土地承包或者经营权的转让。随着我国工业化脚步的加快，农村想要提升自身经济发展，必须改善现有的土地耕作模式，使土地经营变得更为灵活，以改善我国土地制度对农村经济增长的制约。❶

土地流转是一个渐进过程，不能脱离国情、农情。我国人多地少，农村情况千差万别，在一些发达地区，城镇化水平相对较高，大量农民变成城镇居民，土地流转自然就顺畅。而在大多数农村，今后相当长的一段时期内普通农户仍占大多数，农民非农就业机会有限，土地承担着农民的就业、社保等功能，如果不顾实际强推流转，硬把农民挤出土地，就一定会产生一系列的社会问题。

---

❶ 我国农村土地流转进程加速　农业步入规模经营新常态 ［N］. 赤峰日报，2015-1-22.

国家曾先后发布了多项管理办法，以更好地推进农村土地流转进程（见表6-1）。

表 6-1　国家关于规定土地流转的主要政策及内容

施行时间	主 要 内 容
2003 年 3 月 1 日	《农村土地承包法》：以国家层面承认了农村土地承包经营制度
2005 年 3 月 1 日	《农村土地承包经营权流转管理办法》：确定承包方对土地有自主的使用权、收益权、流转权，并有权依法自主决定土地承包经营权是否流转和流转的形式，并规定土地承包经营权流转的形式
2013 年 1 月 31 日	2013 年中央一号文件《中共中央国务院关于加快发展现代农业进一步增强农村发展活力的若干意见》：规定创新农业生产经营体制，稳定农村土地承包关系，提高农户集约经营水平，并支持发展多种形式的新型农民合作形式
2014 年 11 月 20 日	《关于引导农村土地经营权有序流转发展农业适度规模经营的意见》：细化土地流转、发展农业适度规模经营方面的政策要求

结合我国实际和上述法律、规章等，我们可从以下几个方面入手，解决我国城镇化进程中的土地流转问题。

（1）强化城镇化建设力度，为土地流转提供外界支持。土地流转一定会造成人口迁移，在对土地产权进行流转的基础上，有利于入城农民在短时间内完成身份的改变，农民唯有全身心投身城市，方可达到真正意义上的城镇化目标，从而助力农业的发展，推动农业朝着现代化方向发展，不断走市场化道路。在推进城镇化建设步伐过程中，要坚持速度与质量有机结合，切实做到人资、人口城镇化。

（2）统一思想，创建浓郁的流转氛围。让农民充分理解土地流转能够推动城镇经济社会发展这一重要意义，是推进土地流转的基础。首先，强化宣传，向农民普及《土地承包法》等相关法律，让农民充分理解土地流转是大势所趋。其次，政府要改变以前的工作方式方法，要形成积极主动为土地流转创造条件的思想认识，把这项工作摆在重要议程，推动新农村建设，从而尽快促进土地流转。需积极探索惠农制度和土地运营有机衔接的各类问题，以政府指导为导向，在制度层面对土地流转予以支持。

（3）创造性地多途径进行土地流转。首先，对农民自发形成的以及入股形式成立的合作社予以支持，从而达到对土地统一进行运营的目的。土地股份合作制的定义是：农民把其享有所有权、运营权的土地当作股份，共同运营，从而建立具有一定规模的农业生产区域，根据股份进行分红。农民作为股东，和别的资金提供者一起分红，一起承担风险，从而达到规模化发展与专业化经营的目的。其次，在短期内完成土地所有权管理制度的变革，同时做好土地确权工作，主要是解决乡村集体所有的土地所有权模糊不清、职限不明等难题，通过法律途径让农民享有物权式的土地承包运营权；通过法律的途径保障农民在承包期限内，能够在法律允许的范围内进行无约束的租赁、抵押、继承等，同时颁发农民地产证，从而让土地能够上市与抵押。

（4）对农业大户与龙头公司进行扶持，为土地流转创造条件。农民要对土地进行流转处理，离不开丰厚的物质性回报，这是一个重要的内部驱动因素。若缺乏高效、富有竞争力的产业当作基础条件，土地流转便无法长久进行。所以，对农业大户与龙头公司进行扶持，助力其持续向前发展，让富有特色的主体产业不断形成规模，方可让产业、土地集聚起来，从而不断发展壮大。

（5）强化制度建设，扩大土地流转的制度空间。政府机构需在短时间内制定并实行和土地流转有关联的规章制度，尤其是统一规范的流转合约，形成申报、审核批准、登记等各个环节的制度，同时制定解决矛盾争议的有关制度，从而做到土地流转有法可依、有规要循。

（6）创建部门，提升服务功能。政府有关机构要大力创建土地流转交易平台，创建相应的服务部门，从而集中搜集与发布土地流转的各类资讯，为农民与业主提供各种服务；形成流转评价机制，建立矛盾争议协调组织，重点处理土地争议性工作，最大化确保土地产权拥有者、土地承包者、土地运营者的合法利益不受侵犯，从而助力土地流转工作的有序推进，助力乡村经济持续向前推进，创建和谐社会。

2015年两会期间，全国政协委员陈锡文专门针对土地流转问题进行了答记者问，他强调，土地流转要避免随便"刮风"，不能靠强制手段推行。现阶段，我国土地流转面积约3.8亿亩，占承包耕地总面积28.8%，2014年约有30%的农民外出打工。两个数据基本吻合，说明了我国在土地流转工作方面取得了一定的成绩。然而，尽管我国城镇化率已经达到了54.77%，但是仍有近6.2亿人生活在农村，因此短期内无法实现彻底的城镇化，农村土地流转仍需要继续有序推进。所以，随着工业化、城镇化的稳步突进，我们在完善相关法律保障的同时，让农民自己作出选择。在这个基础上，逐步扩大土地流转，逐步发展适度规模经营。相反，急于求成只会衍生出不利于社会发展和稳定的因素。

三、加快构建新型农业经营体系，用农业现代化托起新型城镇化

2015 年中央一号文件对加快推进中国特色农业现代化作出重要部署。在农村人口流动性增强，农民分工分业加快，农业生产集约程度提高的共同作用下，我国进入推进农业现代化的战略机遇期。我们应充分利用工业化、城镇化、信息化和城乡发展一体化给农业现代化带来的新机遇，积极推进农业现代化。对发展具有一定规模的家庭农场予以支持，建立健全为种植大户主体服务机制。在政府的指导下，进一步拓展农合社的业务范畴，从而朝着规范化方向发展。每年对生产经营情况进行公示，从而进一步强化示范社建设工作。加大力度扶持示范性基础的建设，助力龙头公司不断发展壮大。鼓励农民入股农合社，参与龙头公司的生产经营。对与现代化企业发展相适应的种植、养殖、农副产品生产销售等行业，提供一定的工商资本，助力发展。

以体力劳动为主的农业 1.0 时代和以机械化生产为主、适度经营的农业 2.0 时代，已经不适应于当前城镇化进程下的农村、农业发展态势。近 10 余年来，既是我国农业农村发展最快的时期，也是我国城镇化进展最快的时期。伴随这样的社会发展形势，以现代科学技术为主要特征的现代农业发展的农业 3.0 时代，逐渐成为我国城镇化进程中农业发展的主流。我国农业现代化既有类似于其他国家（如农业资源禀赋丰富的美国、加拿大，农业资源禀赋不足的以色列、荷兰，农业资源禀赋介于它们之间的法国、德国）之处，又有自己的特色。全面推进中国特色农业现代化需要借鉴国际经验，

更需要自主创新，就是根据市场需求和资源禀赋条件，做好主要农产品生产的优先序和区域布局，构建种养加、产供销、贸工农一体化的经营格局和商业化的作业外包服务体系，实现稳定粮食生产、拓宽农民增收渠道和提高农业发展可持续性的有机统一。为改善农业发展现状，更好地以农业现代化推动城镇化的发展，我们可从以下几方面着手：

（1）扩大农业经营规模。当前，国内主要农产品价格普遍高于进口农产品价格。在这一严峻现实下，越来越多的农民不愿从事超小规模农业经营，这为扩大农业经营规模提供了条件。据调查，农业经营规模至少要达到 30 亩，才能使新型农业经营主体的实际生活水平不低于主要劳动力在非农部门就业的农户。这就需要从提高农民非农就业技能和非农就业收入的稳定性入手，促使农民转移就业和土地流转，推进农业适度规模经营。

（2）拓展农业多种功能。农业除了具有农产品供给功能，还具有调节气候、净化环境、维护生物多样性等生态服务功能和休闲、教育等文化服务功能。农业功能拓展越充分，农业产业体系就越健全，农民增收渠道就越通畅。"十三五"期间，可以从以下几个方面拓展农业功能：以微生物资源产业化为抓手，将植物、动物二维农业拓展为植物、动物、微生物三维农业；以海藻资源产业化为抓手，将陆地农业拓展为陆地与海洋交融农业；以国民日益增长的游憩需求为抓手，合理有序开发农业资源、田园景观、农家生活以及农耕历史文化、民族传统文化、地方特色文化等旅游资源，促进第一产业和第三产业有机结合；以完善生态补偿政策为抓手，推进生态建设产业化，提高农业生态系统的服务价值。

（3）进一步向农民赋权。劳动力是最活跃的生产力。把农民创新活力和创收潜力充分激发出来，是推进农业现代化的关键所在。30 多年来，农村改革的主线是向农民赋权。改革初期，赋予农民自主经营承包地的权利，很快就解决了农民自身温饱和国家农产品短缺问题。20 世纪 80 年代中期，赋予农民在农村从事非农产业的权利，创造了乡镇工业占据我国工业半壁江山的奇迹。20 世纪 90 年代以来，允许和鼓励农民进城就业，农民工已成为我国工人阶级的主力军。"十三五"期间，可以赋予农民利用集体建设用地参与城镇化的权利。农村集体经济组织以土地入股的方式与资本合作，既能使农民得到持续的农村建设用地股权收入，又能降低工业化、城镇化的土地成本和融资难度，增强工业化、城镇化对农业现代化的带动力。

（4）加强农民人力资本投资。考虑到农业具有弱质性，国家近些年持续增加农业补贴。从根本上说，其政策取向不仅是消除农业弱质性的负面影响，更重要的是消除农业的弱质性。"十三五"期间，应从提高农民素质、完善农业产业体系着眼，对农民进行人力资本投资，使其主动掌握知识、技能、经验和信息，形成依靠人力资本投资兴农、富农、惠农的局面。

（5）培育新型农业经营主体。实践表明，超小规模农业能够解决农民温饱和农产品供给短缺问题，但难以实现农业现代化。近些年，愿意从事超小规模农业经营的农民越来越少，"谁来种地"问题凸显。这为新型农业经营主体的形成提供了必要条件。新型农业经营主体在市场竞争中成长起来，具有自生能力，能够自行解决遇到的问题。这样的新型农业经营主体，银行会愿意为其提供贷款，保险公司会愿意为其提供保险，市场化的营商环境就形成了。政府的责任是为新型农业经营主体的发育创造公平竞争的环境，把他们推向市场，并将试图套取政府农业补贴的投机分子清理出去。

第四节　建立农村宅基地转换机制，推动农村居民"市民化"

一、建立我国农村宅基地使用权流转制度

1. 保障宅基地特权性与社保性

若乡村社保机制不够成熟，则按照身份进行宅基地分配，这样能够实现农民生活需求目的。不过如此社保模式具有一定的人身依靠性，无法对宅基地进行自由的流转，无法最大化实现其使用价值与交换价值，造成其物权性不强，从而出现宅基地闲置、浪费等情况，导致出现"隐形市场"，农民筹集经费的难度进一步增加。就财产权而言，其最根本的特性就是能够进行转让。流转是如今物权发展的大势所趋。就宅基地而言，唯有切实进行流通，方可让最需要的主体得到这种资源，达到最大化分配资源的目的。以此为鉴，宅基地进行流转时，相应的制度一定要与乡村实际相匹配，在乡村社保机制尚未成熟的基础上，进行宅基地流通，一定会受到各方面的阻挠，不过，这种阻挠会伴随实际需求而慢慢淡化，最终发展到"地尽其用"的地步。

2. 建立宅基地使用权有偿、有期限制度

从现阶段国内施行的乡村宅基地制度来看，农民拥有宅

基地基本上都具有无偿性，且是长期占有的。不过，在市场不断向前推进以及人民生活质量持续提高的基础上，这种制度的不足之处会逐渐显现。若继续执行这种制度，则不利于对宅基地进行科学的分配，从而导致资源不足，将耕地当作宅基地。因此，需要制定并实施有偿、有时间限制的宅基地使用权制度。以有偿运用城市用地的有关制度为参考，在对宅基地进行使用时，建立有偿机制。在此基础上，对农民象征性地收取一定的使用资金。如果宅基地处于闲置状态或浪费的，则征收较高额度的资金。与此同时，物权是有时间限制的。以城市住地使用时间是 70 年的制度为参考，宅基地也相应地制定 70 年的使用时间。从申请获得宅基地的那一天开始计算，到了 70 年时间后，自动进行接续。

3. 进一步健全宅基地使用权登记体系

宅基地产权清楚明了是进行流转的基础。需进一步完善宅基地登记，在法律范围内对宅基地的权属范畴予以明确，对其产权主体予以明确，从而降低交易风险。我国物权法强调：不动产应通过其所在地的有关部门进行登记。就我国而言，对不动产进行登记时，推行统一登记。登记范畴、部门与登记规定，都要通过法律予以明确。物权法指出，就不动产物权而言，进行设立、转让、消灭时，根据有关制度要求必须进行登记，从登记到有关簿册起具有法定效力。与此同时，物权法还规定，就完成登记的宅基地而言，如果进行转让、消灭，需在第一时间内进行变更或注销处理。从物权法的上述条款可知，就国内宅基地产权而言，从登记日起便具有法定效力，同时不论是城镇还是乡村，登记制度都是一样的。虽然我国与宅基地登记有关的制度指出，在 2009 年年末对全国所有的宅基地进行登记处理，同时完成房产证发证工作，基本上处理权属争议问题。同时，对不违背法律规定的宅基地，百分之百进行发证到户。不过，一直到现在，我国还没有完成这方面的工作。我国需进一步规范登记工作，就闲置、浪费等情况，具体情况具体分析，在法律允许的范围内准许进行登记，从而发证到户，但不在法律范围内的部分，一定要收取占据资源费，要求在规定的时间内进行拆除。

4. 放权宅基地使用权的流转

首先，目前应放宽宅基地使用权，让其能够自由租赁，在集体组织中或不在集体组织中的人都可以其为标的进行租赁。其次，在抵押与转让方面，逐步放权。在进行抵押过程中，一定不能违背相应的转让规定。进行转让时，可参考农村土地承包法中的有关条款：宅基地产权或房屋进行转让时，如果受让者不在本集体组织范围内，那么一定要经过集体内 2/3 的成员或代表决议通过，同时上报有关部门进行审批。同等转让条件时，集体内的组织或个人可以优先进行承接。不过，不论是仅仅转让使用权，还是和房屋统一转让，转让完成后，原有居民都不再享有集体组织内分配宅基地的权利。最后，若乡村社保机制相对成熟，可进一步扩展市场，让宅基地进行自由流转。

二、维护失地农民群体利益稳定，促进农村居民向市民转型

中国城镇化的进程是与中国经济建设和发展的进程相伴而生的，在此过程中，由农村进入城镇的农业转移人口之中，既有主动进入城市工作生活意愿融入城市的，也有大批因失地而被迫进入城镇生活的失地农民。提高城镇化质量的重要

标志之一，就是要提高农民的就业质量，使农民能平等地享受城镇基本公共服务。

1. "保老帮青防新增"，维护失地农民群体稳定

根据中国社会科学院相关报告测算，现阶段，国内被征地农民大于0.4亿人次，同时每年基本上以接近300万人的速度进行增加。在城镇化推进过程中，应把维护失地农民群体稳定作为主要工作，全面建设失地农民家庭成员的各项社会保障制度，通过建立和谐的征地拆迁模式，切实保障失地农民利益。

"保老"土地关系到农民的生存问题，如果在实行土地改革的同时，没有后续政策的跟进，那么土地制度改革很容易引起社会矛盾，从而导致农村社会的不稳定。政府在实行土地改革的同时，应该制定失地农民的养老政策，女性在达到55周岁、男性60周岁时，政府应该给农民缴纳养老保险，从而解决失地农民的养老忧患。"帮青"主要体现在年轻人方面，政府应出台技能培训政策，让失业青年通过技术学习能够就地工作。同时在教育、住房领域，政府也应该出台相关优惠政策，帮助失地农民更快地融入到新生活中。"防新增"就是从完善征地制度和安置制度入手，堵住"种田无地、就业无岗、社保无份、生活无着"的"四无"失地农民增量。征地前必须先制定完善的农民安置方案；征地后将生活困难的农民统一纳入城镇居民最低生活保障范围。

由于失地农民新建小区大部分位于城乡接合部，其主要特点是相关政府机构跟进不及时，新建小区较为容易发展成"贫民窟"或者"赌博区"，想要提高失地农民的生活质量，不仅在硬件方面要提高相关设施，在软件方面也要跟进相关制度。

2. 实施"四有"工程，稳步推进农民工"市民化"

目前，我国把进城半年以上的农民工统计为城镇常住人口，但是这些人口却没有享受城镇的基本公共服务和社会保障。农民工在城市生活中，存在住房保障程度低、城镇落户难、子女教育受限等问题，严重阻碍了农民工"市民化"的进程。农民工向市民转型不仅是农民城镇化的过程，更是其生活方式、价值取向和文化素养转型升级的过程，政府的积极引导将发挥重要作用。以"有住房、有知识、有平台、有保障"的"四有"工程为抓手，大力构建农民工住房供应体系、知识技能培训体系、社区平台服务分享体系和社会保障体系。

稳定住所是农民工融入城市的基础条件。政府应将农民工住房纳入城镇住房保障体系，建立起与其收入水平相适应的住房供应模式；制定符合农民工自身需求的缴费制度，支持农民工在城镇租房、买房；综合运用政策杠杆，完善社会保障性住房的建设。

稳定就业是农民工融入城市的关键条件。政府应将农民工知识技能培训体系纳入政府工作重点，建立政府和用人单位共同培养的机制，实行政府买单、企业培训的模式。同时，建立帮扶机构，健全风险补偿机制，鼓励和引导农民工创业。

健全面向全体农民工和市民的社会保障制度。政府应主动整合散乱的农民工福利制度体系，增加农民工社会福利覆盖面；建立健全各项社会保险转移衔接办法，完善现有的保险转移制度；制定符合农民工自身需求的保险政策；加强农民工职业培训制度，引导农民工参加相关保险政策。

总之，建立完善、平等的社会保障机制，是实现城乡一体化发展的重要保证和农村土地改革的重要推动力量。社会保障不仅关系到社会的稳定，更是社会主义市场经济公正与人道原则的重要体现。如果在实践中忽略这一重要因素，土地流转和改革的成果必然会大打折扣。因此，我们需要切实贯彻科学发展观，坚持以人为本，全方位地采取措施。只有这样，才能实现构建社会主义和谐社会和全面建成小康社会的伟大目标。

三、实现城市与农村社会保障均等化

1. 打破城乡二元户籍限制，建立城乡统一的社会保障制度

打破城乡二元户籍限制，不以纯粹的户籍形式来限制城乡居民参加何种养老保险。基本养老保险政策都是由国家统一制定，在"顶层设计"没出台前，地方无法去改变现有制度的现状，同时在制度设计上，城镇职工养老保险和城乡居民养老保险完全不一样，不能合二为一。但是我们可以合理运用制度，利用现有的制度体系更好地体现社会保障的公平性。允许在城镇居住的有一定经济实力的农村户口居民以灵活就业人员身份参加城镇职工养老保险。城乡居民可以根据自身的经济条件、居住地点和需求，选择相应合适的养老保险制度来参保和享受待遇，这样可以满足城乡之间劳动力的自由流动和资源的有效配置。一些农村富余人员可以以灵活就业人员的身份参加城镇职工养老保险，按照权利和义务对等的原则，他们有能力拿出更多的钱来参保，退休时也能享受相对较高待遇的权利，这样恰恰体现了社会保障坚持公平的价值取向，达到了社会保障公共服务均等化的要求，体现了权益和义务对等的原则。

2. 提高社会保障待遇水平，逐步缩小城乡社会保障待遇差距

我国应建立与社会经济发展水平相适应的养老金动态调整机制，不断完善城乡居民养老保险制度。养老待遇标准应随经济社会发展水平、价格指数、生活水平的变动而调整，不断提高城乡居民养老保险的保障水平。只有在与社会经济发展水平同步的基础上，逐步提高城乡居民社会养老保险缴费档次和基础养老金，才能逐步拉近城乡居保制度与城镇职工基本养老保险制度的差距，同时也能以制度优越性来吸引越来越多的农民自愿参保。

健全被征地农民养老保险制度，不断提高被征地农民的保障水平。建议已有的被征地农民一类人员，可补费 5 年后纳入城镇职工基本养老保险范围，享受企业职工退休人员待遇，以实现被征地农民待遇同等。新增的被征地农民一类人员，建议可一次性补缴 15 年费用，直接按企业职工保险计算退休待遇，享受企业职工的相关待遇。

开展农村土地承包经营权流转群体养老保险的有益探索。提高农民参加土地承包经营权的积极性，完善农村土地资源的合理配置，解决失地农民的养老问题，建议开展农村土地承包经营权流转群体养老保险的有益探索，对土地承包经营权转让的农民，比照被征地农民养老保险政策，纳入被征地农民养老保险参保范围。

3. 建立方便的衔接机制，切实维护好城乡居民的社会保障权益

科学设计城乡居保和城镇职保转移办法，更好保障参保人权益。城乡居民养老保险与城镇职工养老保险的设计原则、缴费标准和养老金计发办法有很大差异，两个养老保险衔接

的核心问题是缴费时间和个人账户的相互认可，即居保的缴费年限能否与职保连续计算，居保的个人账户如何与职保匹配，以确保参保人员合理、正常享受养老金待遇。建立城乡之间新农合关联体系，保障各项基金顺利运营。城乡居民应该建立完善的医疗保险制度，以减少农民因病致贫案件的发生，提高农民参保积极性，避免因失地引发的社会治安问题，改善现有失地农民的生存状况。同时要做好网络建设，农业经营实现网络化管理，将农业产品通过网络销售，提高农村网络的覆盖面，加大新农合合作医疗、医疗救助模块，将各项数据整理编入档案进行库存。通过整合资源，最终形成"城乡管理一体化、城乡待遇均等化、城乡服务网络化"的医保城乡一体化运行模式。

4. 不断提升社会保障服务水平，实现城乡社会保障服务均等化

不断加大城乡居民养老保险政策的宣传力度。要充分发挥乡镇、村基层干部的作用，进村入户广泛宣传，向城乡居民讲政策、算细账、讲利益、讲好处，让群众真正明白早参保收益多的道理，懂得"早缴多得，长缴利多"的惠之所在，激发他们的参保热情。

不断加强基层人社服务平台建设力度，改善基层人社平台的设施设备条件，确保基层人社平台工作经费落实到位，着力提高基层人社平台服务群众的能力和水平。要强化基础社区平台的建设，不断完善社会机构的信息化服务，现城乡居民社会保险参续保、待遇享受、账户查询以及其他各项业务服务在村级窗口方便办理。还要加强基层劳动保障协理员的业务培训，全面提升协理员的业务素质和服务能力，使基层劳动保障工作人员全面理解和掌握新的政策，适应新形势

下人社工作的需要，不断提升工作服务水平。

不断提升基层医疗卫生机构服务质量。要不断完善基层医疗条件，提高农民就医环境的舒适度。同时完善基础医疗卫生队伍的建设，广纳合格的优秀人才招聘到基层从事医务工作。还要强化对基层医疗机构人员的培训，提高基础医疗工作人员的素质和技术水平，以减少农民在就医过程中恐慌感，使城乡居民享有同质均等的公共医疗服务。

总之，社会保障要实现城乡均等化的目标，是一项漫长而艰巨的任务，工作的开展必须循序渐进。完善城乡均等化社会保障制度，实现城乡社会保障制度有序接轨，提高城乡社会保障服务水平，对保障农民生活水平的质量加以跟进，同时加强城乡之间的经济互通性，减少两者之间的贫富差距，以达到促进和谐社会发展的目的。

第七章

结　　论

中国改革始于农村，农村改革始于土地制度。我国现行的农村土地制度在经历了30多年的发展历程后，其本身的制度效益正在逐渐衰退。因此，在城镇化进程中积极探索农村土地制度改革的新思路，具有重大的理论意义和现实指导意义。笔者经深入探讨和研究，得出以下几点结论：

（1）产权制度是决定经济效率的内生变量，好的法律，应该是能够降低交易成本，实现资源优化配置的法律。而我国的宪法、物权法、土地法、土地管理法及农村土地承包法存在法与法之间条款冲突、个别条款过时等问题。为此需要重新修订相关法律条款，降低土地交易成本，实现土地资源的优化配置。

（2）从法律上打破所有权限制，土地不再分为国家所有和集体所有。只按照土地性质划分，在不改变其性质与用途的前提下，赋予农民永久的土地使用权。在符合规划和用途管制前提下，允许农村集体经营性建设用地转包、转让、出售、抵押、租赁、入股，与国有土地同等入市、同权同价。

（3）成立专门的农村土地确权机构，全面推进土地确权颁证工作。对城郊非经营用地、村民组未分配土地和农村土地进行整体全面确权，颁发土地使用权证书。通过农村土地确权登记发证，确认农民与土地长期稳定的产权关系。通过深化改革，还权赋能，形成产权明晰、权能明确、权益保障、流转顺畅、分配合理的农村土地产权制度，实现城乡统筹发展，切实维护农民权益。

（4）建立健全农村宅基地转换机制，实现宅基地在城乡之间的自由流转。坚持依法、自愿、有偿的原则，以农民为主体，以市场化为取向，赋予宅基地享有与城市商品房相同的流转权限，允许城市居民到农村购买宅基地。通过流转激活城乡土地市场，提高土地集约利用效率，推动农村宅基地及房屋资本化，保障农民宅基地用益物权。

（5）创新农业生产经营体制，建立新型农业经营模式，对农村组织形式和行政区域进行重新规划和升级。综合运用内生金融、土地信托、股份制、专业大户、龙头企业、家庭农场、股份合作社、专业合作社、农业企业等新型生产经营方式，不受"适度规模"限制，引导农业向现代化、机械化、规模化、集约化经营。放宽对资本下乡的规模限制，面向社会资本全面开放。充分发挥不同规模经营主体在不同领域和环节的优势和作用，实现各类规模经营主体相互融合、相互补充、相互促进。

（6）制定农村土地改革政策要广泛吸纳高级专家领导小组、社会学者、基层农业管理部门和广大农民的意见。十八届三中全会提出了 336 项改革举措，要求制定和落地各项政策仍然依赖各部委办公室，但由于各部委办公室已形成定式思维，新政策缺乏创新性。因此，新政策的制定必须突破固有框架，听取来自社会各阶层的心声和宝贵建议，使新政策更具创新性和实用性。

（7）实现社会保障服务均等化，使城乡居民共享改革红利。建立健全多层次、广覆盖、可转接，与经济发展水平相适应的城乡社会保障体系，逐步建立以住房养老、以地养老的养老保障机制，实现社会养老保险、基本医疗保险和社会救助城乡全覆盖，推动城镇化进程向平和、稳步、健康方向发展。

附 录

附录一：第一次、第二次国内革命战争时期
（1921～1937 年）土地法律法规

颁布时间（年）	颁布法规会议或机构	文件法案（议案）	主要内容
1927	中共五大	《土地问题决议案》	没收一切所谓公有的田地以及祠堂、学校、寺庙、教堂及农业公司的土地，交诸耕种的农民，无代价地没收地主租与农民的土地
1927	海陆丰工农兵代表大会	《没收土地案》	这实际上是土地革命战争时期的第一部土地法，第一次提出由苏维埃政府发田地使用证给一切分得土地的农民，并明确了"有土地使用权，才能享受土地使用权"，强调焚毁封建社会一切契约债务关系
1928	中共中央	《关于没收土地和建立苏维埃政府的第 37 号通告》	明确一切土地于实行共有后，重新分给农民耕种，以县苏维埃政府名义发给土地证，旧时田契、佃约一概废除
1929	中共闽西第一次代表大会	《土地问题决议案》	已分配土地的地方要登记，由县政府发耕田证；强调所有地主阶级的田契佃批等佃期交当地政府焚烧
1930	中国革命军事委员会	《苏维埃土地法》	田地分配后，由县苏维埃或区苏维埃发给耕田证
1930	鄂豫边区革命委员会	《鄂豫边区革命委员会土地政纲实施细则》	焚烧豪绅地主一切契约，发给分得土地者土地使用证

续表

颁布时间（年）	颁布法规会议或机构	文件法案（议案）	主要内容
1930	龙岩县第二次工农兵代表大会	《田地问题决议案》	领耕田人应向乡政府登记，由乡苏维埃报请区政府转请县政府颁发耕田证；农民垦殖的荒地，免纳土地税五年，但须向政府请领土地证；果园地应归政府分配发给耕田证
	永定县第二次工农兵代表大会	《土地问题决议案》	明确田地已分配的地方要登记，由县政府发给耕田证
	闽西第一次工农兵代表大会	《土地法案》	明确农民领耕田证，应报告乡政府登记转请县政府发耕田证，耕田证失落或破损者，应请求补发；无耕田证发生争执时，政府不予保护
1930	右江苏维埃政府	《土地法暂行条例》	明确农民所耕种土地，必须领苏维埃颁发之土地使用证
1931	第一次苏维埃全国代表大会	《中华苏维埃共和国土地法》；《土地登记法》（土地部提交）	没收地主、富农，反革命及农村公共土地；土地分配的原则是"地主不分田，富农分坏田"；以"最有利于贫农、中农利益的方法"按人口或按劳力平均分配；分配给农民的土地允许农民出租、买卖
1933	中华苏维埃共和国中央政府土地人民委员会土地部	《关于实行土地登记的布告》	实行土地登记。苏维埃发给土地证与农民，用这个土地证去确定农民的土地所有权，他人不得侵占。这是中国共产党在历史上第一次从法律上、组织上、宣传上和行动上提出和施行土地确权登记发证
1934	黔东特区第一次苏维埃代表会议	《没收土地和分配土地条例》	土地分配完结后，应按界址分插标记，并由区苏维埃发给土地登记证

附录二：抗日战争时期
（1937～1945.8）土地法律法规

时　间	颁布法规会议或机构	文件法案（议案）	主要内容
1937.9	党中央	《陕甘宁边区政府颁发土地所有权证条例》	是中国共产党成立 16 年来第一部在法理法理和制度上比较完善的一部土地确权登记发证的法规。该条例共 17 条简述了土地的定义。第 1 条述了土地的水陆天然富源。"本条例所所登记发证的法规。该条例已达到与国际通用的物权法，不动产统一登记接轨的程度。第 3 条规定："凡第 1 条所所定土地及其定着物之所有人，必须依本条例向当地县政府领取土地所有权证。"第 5 条规定："土地所有权证，为土地所有权之唯一凭证，在土地所有权证颁发后，有关于土地所有权之各种契约，一概作为无效。"第 6 条规定："土地所有权证由边区政府统一印制，由各县政府盖章颁发后，即发生效力。"条例还就土地所有权证载明事项，颁发公告，损坏遗失等作出明确规定。这一条例的颁布和实施，标志着中国共产党对土地确权登记发证在理论上与实践上的历史性飞跃。它大大推进了各个根据地，解放区的土地确权登记工作，为新中国建立前后的土地改革奠定了坚实基础

续表

时　间	颁布法规会议 或机构	文件法案（议案）	主要内容
1939.4	党中央	《陕甘宁边区土地条例》； 《陕甘宁边区地权条例》； 《陕甘宁边区土地租佃条例》	主要明确土地所有权、土地登记、地权处理等问题

附录三：解放战争时期
（1945.8～1949.9）土地法律法规

时　间	颁布法规会议或机构	文件法案（议案）	主要内容
1947.9	中共西柏坡召开的全国土地会议	《中国土地法大纲》	废除封建性及半封建性剥削的土地制度，实行耕者有其田的土地所有制，分配给人民的土地，由政府发给土地所有证
1947.10	中共中央	《关于公布中国土地法大纲的决议》	要求全国各地民主政府，各地农民大会，农民代表会及其委员会，加以讨论并采纳，并订出适合于当地情况的具体办法
1948.2	陕甘宁边区政府	《颁发土地房窑证办法》	明确土地改革后各阶层人民之土地、房屋所有权，保障其不受侵犯，凡土地问题已解决的地区，不论原有或分得的土地、房窑均应依照本办法进行登记，发给土地、房窑证

续表

时　间	颁布法规会议或机构	文件法案（议案）	主要内容
1948	陕甘宁边区政府	《关于调剂土地确定地权的布告》	普遍发土地证，确定地权，并保证其不受侵犯，使人人安心生产，发家致富
1948.8	晋绥边区公署晋绥边区农会	《关于填发土地证的通知》	确定地权，所有各阶层人民之土地均发给土地证，一律加以保护
1948.8	东北行政委员会	《关于颁发地照的指示》	要求各省（市）县政府认识到"发放地照必须是艰苦细致的工作进程"，要求发放地照必须有深入群众的思想动员与组织领导工作。同时，在发放地照时，必须采用规定的统一丈量标准，明确评定土地等级，评定方法应为有组织有领导的自报公议，民主评议

附录四：新中国成立后（1949 年 10 月始）土地法律法规

时 间	颁布法规会议或机构	文件法案（议案）	主要内容
1950.6	中央人民政府委员会第八次会议	《中华人民共和国土地改革法》（草案）（中国人民政治协商会议第一届全国委员会第二次会议提出）	废除地主阶级封建剥削的土地所有制，实行农民的土地所有制，借以解放农村生产力，发展农业生产，为新中国工业化开辟道路。土地改革完成后，由人民政府发给土地所有证。土地改革以前的土地契约，一律作废
1950.11	政务院	《城市郊区土地改革条例》	城市郊区土地改革完成后，对分得国有土地的农民，由市人民政府发给国有土地使用证，保证农民对该项土地的使用权。对私有农业土地者发给土地所有证，保证其土地所有权。土地制度改革以前的土地契约，一律作废

续表

时 间	颁布法规会议或机构	文件法案（议案）	主要内容
1950.11	中央人民政府内务部	《关于填发土地房产所有证的指示》	这是中华人民共和国成立后，第一部关于土地权确权登记发证的规定。指示共计11项规定，并附有土地证式样。该指示首先表明：为切实保障土地房产所有权，土地房产所有权均应一律颁发土地房产所有证，强调土地制度改革以前的土地契约一律作废。指示还要求，颁发土地证是土地改革中一项重要工作，领导应当作政治任务来完成；在颁发土地证时，必须注意发动群众，运用人民代表大会讨论或人民群众同土地房产纠纷问题，必须注意与清理土地工作密切结合，以求得土地房产所有部所定样式；发证前，发土地证以户为单位填发，样式参照内务部所定样式；发证时，乡或行政村政府，应备置土地清册，以便备考

附录五：改革开放后（1978 年始）土地法律法规

时 间	颁布法规会议或机构	文件法案（议案）	主要内容
1986.6	第六届全国人民代表大会常务委员会第十六次会议	《中华人民共和国土地管理法》	这是一部加强土地管理，维护土地的社会主义公有制，保护土地权益，促进社会经济可持续发展的重要土地法规。此法对土地所有权和使用权，对所有权归属，土地登记、登记保护等方面都有明确规定
1987	国家各相关部门	《城市房地产管理法》《中华人民共和国土地管理法实施条例》《土地调查条例》《土地登记办法》《确定土地所有权和使用权的若干规定》《全国地籍管理"十五"计划纲要》《土地权属争议调查处理办法》《土地登记资料公开查询办法》	对土地调查确权登记发证作出明确规定

续表

时 间	颁布法规会议或机构	文件法案（议案）	主要内容
2007.3	第十届全国人民代表大会第五次会议	《中华人民共和国物权法》	对国家所有权和集体所有权，私人所有权和物权的设立、变更、转让消灭，物权的保护，不动产登记簿与不动产权属证书，特别是对土地承包经营权登记发证及建设用地使用权登记发证等作了具体规定
2008.2	国土资源部第5次部务会议	《土地登记办法》	对土地登记的概念、原则、效力、类型、程序以及土地登记的各项基本制度等作出明确规定。1. 明确了土地登记行为，保护土地权利人的合法权益和登记目的；2. 明确了将国有土地使用权、集体土地所有权、集体土地抵押权、地役权以及依法需要登记的其他土地登记载于土地登记原簿公示的登记含意；3. 明确了实行属地登记原则；4. 规定了土地以宗地为单位进行登记；土地登记簿是土地权利归属和内容的根据；土地权利证书是土地权利人享有土地权利的证明；土地总登记、初始登记、变更登记、注销登记、土地权利保护、土地登记告知和公告等。这为实现土地确权登记发证全面覆盖、加强土地产权保护提供了法律依据

附录六：连续十年关注"三农"问题的中央一号文件

颁布时间（年）	文件名称	主要内容
2015	《关于加大改革创新力度加快农业现代化建设的若干意见》	文件共涉及 5 大方面，分别是一强、二富、三美、四改革、五法治。农业方面："中国要强，农业必须强"；农民方面："中国要富，农民必须富"；农村方面："中国要美，农村必须美"；改革方面："全面深化改革，必须把农村改革放在突出位置"；法制方面："农村是法治建设相对薄弱的领域，必须加快完善农业农村法治体系，同步推进城乡法治建设，善于运用法治思维和法治方式做好'三农'工作"
2014	《关于全面深化农村改革加快推进农业现代化的若干意见》	进一步解放思想，稳中求进，改革创新，坚决破除体制机制弊端，坚持农业基础地位不动摇，加快推进农业现代化。2014 年及今后一个时期，要完善国家粮食安全保障体系，强化农业支持保护制度，建立农业可持续发展长效机制，深化农村土地制度改革，构建新型农业经营体系，加快农村金融制度创新，健全城乡发展一体化体制机制，改善乡村治理机制

续表

颁布时间（年）	文 件 名 称	主 要 内 容
2013	《关于加快发展现代农业，进一步增强农村发展活力的若干意见》	建立重要农产品供给保障机制，努力夯实现代农业物质基础；健全农业支持保护制度，不断加大强农惠农富农政策力度；创新农业生产经营体制，稳步提高农民组织化程度；构建农业社会化服务新机制，大力培育发展多元服务主体；改革农村集体产权制度，有效保障农民财产权利；改进农村公共服务机制，积极推进城乡公共资源均衡配置；完善乡村治理机制，切实加强以党组织为核心的农村基层组织建设
2012	《关于加快推进农业科技创新持续增强农产品供给保障能力的若干意见》	把农业科技摆上更加突出的位置，持续加大财政用于"三农"的支出，以及国家固定资产投资对农业农村的投入，持续加大农业科技投入，确保增量和比例均有提高。发挥政府在农业科技投入中的主导作用，保证财政农业科技投入增幅明显高于财政经常性收入增幅，逐步提高农业研发投入占农业增加值的比重，建立投入稳定增长的长效机制
2011	《关于加快水利改革发展的决定》	大兴农田水利建设；合理开发水能资源；搞好水土保持和水生态保护；加大公共财政对水利的投入，广泛吸引社会资金投资水利等
2010	《关于加大统筹城乡发展力度进一步夯实农业农村发展基础的若干意见》	完善农业补贴制度和市场调控机制；积极引导社会资源投向农业农村；推进菜篮子产品标准化生产；加强农村水电路气房建设；积极推进林业改革；提高农业对外开放水平等
2009	《关于促进农业稳定发展农民持续增收的若干意见》	较大幅度增加农业补贴；保持农产品价格合理水平；增强农村金融服务能力；支持优势产区集中发展油料等经济作物生产；加强农产品市场体系建设；加强农产品进出口调控等

续表

颁布时间（年）	文件名称	主要内容
2008	《关于切实加强农业基础设施建设进一步促进农业发展农民增收的若干意见》	巩固、完善、强化强农惠农政策，切实抓好"菜篮子"产品生产；着力强化农业科技和服务体系基本支撑；逐步提高农村基本公共服务水平；建立健全农村社会保障体系等
2007	《关于积极发展现代农业扎实推进社会主义新农村建设的若干意见》	健全农业支持补贴制度；鼓励农民和社会力量投资现代农业；加快发展农村清洁能源；推进农业科技进村入户；积极发展农业机械化；加快农业信息化建设；发展健康养殖业；大力发展特色农业等
2006	《关于推进社会主义新农村建设的若干意见》	推进现代农业建设，强化社会主义新农村建设的产业支撑；加强农村现代流通体系建设，稳定、完善、强化对农业和农民的直接补贴政策；加强农村基础设施建设等
2005	《关于进一步加强农村工作提高农业综合生产能力若干政策的意见》	继续加大"两减免、三补贴"等政策实施力度；稳定增长的支农资金渠道，坚决实行最严格的耕地保护制度，切实提高耕地质量；加强对粮食主产区的支持；建立农田水利和生态环境建设，提高农业抗御自然灾害的能力；加快农业科技创新，提高农业科技含量等
2004	《关于促进农民增加收入若干政策的意见》	集中力量支持粮食主产区发展粮食产业，促进种粮农民增加收入；发展农村二、三产业，拓宽农民增收渠道，增加外出务工收入；改善农民进城就业环境，为农民增收创造条件；加强农村基础设施建设用，搞活农产品流通，发挥市场机制作用等

参考文献

中文文献：

[1] 白俊超. 我国现行农村土地制度存在的问题和改革方案研究 [J]. 经济问题探索，2007（7）.

[2] 陈小玮，徐敏. 解读"新土改"[J]. 新西部，2008（10）.

[3] 柴晓宇. 社会保障视野下农村土地制度完善之思考 [J]. 东方法学，2010（1）.

[4] 曹飞. 土地财政：本质、形成机理与转型之路 [J]. 社会科学，2013（1）：67-72.

[5] 蔡继明. 中国土地制度改革论要 [J]. 东南学术，2007（3）.

[6] 党国英. 论我国土地制度改革现实与法理基础 [J]. 新视界，2012（5）.

[7] 党国英. 当前中国农村土地制度改革的现状与问题 [J]. 华中师范大学学报：人文社会科学版，2005（4）.

[8] [德] 柯武刚，史漫飞. 制度经济学 [M]. 韩朝华，译. 北京：商务印书馆，2000.

[9] 付夏婕. 论英国土地法律制度变迁与经济转型 [D]. 北京：中共中央党校，2011.

[10] 冯金宝. 改革开放以来中国农村土地制度研究述评 [J]. 安徽农业科学，2006（24）.

[11] 国风. 中国农村经济制度创新分析 [M]. 北京：商务印书馆，2000.

[12] 郭晓鸣. 中国农村土地制度改革：需求、困境与发展态势 [J].

中国农村经济，2011（4）.

[13] 龚晓莺，邓永亮. 对现阶段我国农村土地制度改革的思考 [J]. 调研世界，2007（6）.

[14] 胡俊波，竹俊. 现行土地制度是阻碍我国城市化进程的深层次原因 [J]. 商业研究，2006（9）.

[15] 《关于推进农村改革发展若干重大问题的决定》要点：允许农民以转包、出租、互换、股份合作等形式流转土地承包经营权 [J]. 农家之友，2008（11）.

[16] 侯满平，郝晋珉，刘平辉，等. 我国当前农村土地制度创新模式探讨 [J]. 地理与地理信息科学，2003（5）.

[17] 洪芳. 再论我国农村土地制度改革 [J]. 全国商情：经济理论研究，2009（4）.

[18] 黄小虎. 从土地财政与土地金融分析中国土地制度走向 [J]. 上海国土资源，2012（6）.

[19] 黄曦. 我国现行农村土地制度存在问题的简明分析和改革建议 [J]. 经济师，2005（10）.

[20] 蒋晓岚. 工业化、城镇化进程中农村土地制度创新目标选择 [J]. 技术经济，2001（11）.

[21] 蒋永穆，安雅娜. 我国农村土地制度变迁的路径依赖及其创新 [J]. 经济学家，2003（3）.

[22] 李斌，王雨佳. 新一轮农村土地改革启动 [J]. 新财经，2008（11）.

[23] 李抗. 改革开放三十年农村土地制度的变迁 [J]. 资源与人居环境，2009（4）.

[24] 李杰，张光宏. 农村土地制度与城镇化进程：制度变迁下的历史分析 [J]. 农业技术经济，2013（2）：104-111.

[25] 李厚喜，苏礼华. 推动当前中国农村土地制度改革的政策建议 [J]. 地方财政研究，2011（1）.

[26] 林毅夫. 再论制度、技术与中国农业 [M]. 北京：北京大学出版

社，2000.

［27］林毅夫. 论制度、技术与中国农业发展［M］. 上海：上海三联书店，1992.

［28］林哲，柯迪. 深化农村土地制度改革：动因、制约因素及对策研究［J］. 上海经济研究，2006（3）.

［29］刘迎秋. 中国经济升级版的内涵和打造路径［N］. 人民日报，2013-5-16.

［30］刘迎秋. 次高增长阶段的中国经济［M］. 北京：中国社会科学出版社，2002.

［31］刘守英，等. 土地制度改革与转变发展方式［M］. 北京：中国发展出版社，2012：187.

［32］刘永启，崔纯，王鹏. 我国农村土地制度的发展方向——基于制度变迁视角［J］. 北方经济，2009（5）.

［33］刘学侠. 土地股份制：中国农村土地制度改革的方向［J］. 农业经济问题，2007（7）.

［34］刘广栋，程久苗. 1949年以来中国农村土地制度变迁的理论和实践［J］. 中国农村观察，2007（2）.

［35］刘和平. 城市化过程中失地农民的权益损失及其保障［J］. 调研世界，2005（6）.

［36］龙花楼，胡智超，邹健. 英国乡村发展政策演变及启示［J］. 地理研究，2010（8）.

［37］［美］康芒斯. 制度经济学［M］. 于树生，译. 北京：商务印书馆，1997.

［38］［美］道格拉斯·C. 诺思. 经济史中的结构与变迁［M］. 陈郁，等，译. 上海：上海三联书店，1999.

［39］［美］西奥多·W. 舒尔茨. 改造传统农业［M］. 梁小民，译. 北京：商务印书馆，1987.

［40］彭美玉，叶子龙，王成璋. 当代中国农村土地制度中的权力依附论［J］. 华东经济管理，2006（2）.

[41] ［日］速水佑次郎，［美］弗农·拉坦．农业发展的国际分析 [M]．北京：中国社会科学出版社，2000．

[42] 盛培宏．城镇化视角下土地制度改革 [J]．特区经济，2013（7）．

[43] 石霞，张燕喜．我国农村土地制度改革思路的评析与思考 [J]．中共中央党校学报，2003（1）．

[44] 沈志群．中国农村土地制度创新研究综述 [J]．现代经济探讨，2009（3）．

[45] 陶林．改革开放三十年的农村土地制度变迁 [J]．生产力研究，2009（12）．

[46] 王雪峰．中国农村土地流转制度创新探索 [J]．管理观察，2009（18）．

[47] 王景新．中国农村土地制度变迁30年：回眸与瞻望 [J]．现代经济探讨，2008（6）．

[48] 王海全．我国农地制度改革路向的产权经济学分析 [J]．天府新论，2005（6）．

[49] 王隆杰，林卿．耕地抛荒与农地流转的经济学解读 [J]．福建农林大学学报：哲学社会科学版，2010，13（6）：28-31．

[50] 王琢，许浜．中国农村土地产权制度论 [M]．北京：经济管理出版社，1996．

[51] 汪洪涛．关于农村土地制度改革若干设想的评析及展望 [J]．管理学刊，2010（1）．

[52] 汪军民．中国农地制度的绩效研究 [D]．重庆：重庆大学，2007．

[53] 徐超英，李连芬．我国土地制度变迁与改革方向 [J]．创新，2013（3）．

[54] 徐汉明．现代物权与产权制度改革 [M]．北京：中国检察出版社，1999．

[55] 薛涵．论当前农村土地制度对农民主体性发挥的影响 [J]．法制与社会，2009（23）．

[56] 谢天冰．英国封建土地所有制的变革 [J]．福建师范大学学报：

哲学社会科学版，1986（1）.

[57] 解玉军. 20世纪英国土地关系的主要变化［J］. 广西社会科学，
2005（4）.

[58] 杨维军. 论三次土地制度变迁对我国现代化的影响［J］. 开发研
究，2006（1）.

[59] 于学江，臧少梅. 中国农村发展的瓶颈——土地制度［J］. 农业
经济，2006（7）.

[60] 郑风田. 新型城镇化应从改革土地制度入手［J］. 农村工作通讯，
2013（2）：27-28.

[61] 朱吉江. 城镇化进程中农村土地制度研究［D］. 南昌：江西财经
大学硕士学位论文，2012：9-11.

[62] 曾业松. 改革完善农村土地制度［J］. 理论参考，2009（1）.

[63] 张红宇，等. 中国农村土地制度建设［M］. 北京：人民出版社，
1995.

[64] 张五常. 佃农理论［M］. 北京：商务印书馆，2000.

[65] 张振鹏，张作义，张小莉. 关于深化农村土地制度改革的探讨
［J］. 现代农业科技，2013（12）.

[66] 张晓山. 中国农村土地制度变革的回顾和展望［J］. 学习与探索，
2006（5）.

[67] 张军，贾栋. 城镇化进程中的农村土地使用制度改革［J］. 中国
发展，2013（3）.

[68] 张惠强. 集体建设用地试点改革小结［N］. 东方早报，2013-1-6.

[69] 张曙光. 博弈：地权的细分、实施和保护［M］. 北京：社会科学
文献出版社，2011：273.

[70] 张成理. 浅析农村土地制度的变革及其完善［J］. 唯实，2009
（2）.

[71] 张琦，高振南. 中国农村土地制度改革与体系建设模式［M］. 北
京：中国财政经济出版社，1994.

外文文献:

[1] Allen C. Kelley, Jeffrey G. Williamson and Russell J. Cheetham, 1972, "Biased Technological Progress and Labor Force Growth in a Dualistic Economy," Quarterly Journal of Economics, 86 (3), pp. 426-447.

[2] Au, C. C. and J. V. Henderson, 2006, "Are Chinese Cities Too Small?" Review of Economic Studies, 73, pp. 549-576.

[3] Becker Charles M, Andrew R Morrison. Urbanization in Transforming Economies. Handbook of Regional and Urban Economics. 1999.

[4] Black D, Henderson J V. A. Theory of Urban Growth. Journal of Politics. 1999.

[5] Brett Christophers. Revisiting the Urbanization of Capital. Annals of the Association of American Geographers. 2011-11-1.

[6] Buck, D. D., Ma, L. J. C., Hanten, E. W, Policies Favoring the Growth of Smaller Urban Places in the People's Republic of China 1949-1979. Urban Development in Modern China. 1981.

[7] CELL C P. The urban-rural contradiction in the Maoist Era: the pattern of urbanization in China. Comparative Urban Research. 1980.

[8] Chenery H., 1958, "The Role of Industrialization in Development Programmes," in Agarwala A. AND S. Singh (eds.), The Economics of Underdevelopment, pp. 450-471. Bombay: Oxford University Press.

[9] Chenery H. B., 1979, Structural Change and Development Policy, Oxford University Press, New York.

[10] Chenery H. B., M. S. Ahluwalia, C. Bell, J. H. Duloy, and R. Lolly, 1974, Redistribution with Growth, Oxford University Press, London.

[11] Chenery H., S. Robinson and M. Syrquin, 1986, Industrialization and Growth: A Comparative Study, Oxford UniversityPress.

[12] Chuanglin Fang, Xueqin Lin. The eco-environmental guarantee for

China's urbanization process [J]. Journal of Geographical Sciences, 2009, 19 (1).

[13] David Harvey. The Urbanization of Capital. 1985.

[14] El Nour, Abdel Hamid Balla. The relationship between urbanization and socio – economic development in the Sudan [J]. GeoJournal, 1989, 18 (4).

[15] Fei John C. H. and Gustav Ranis, 1964, "Development of the Labor Surplus Economy: Theory and Policy," Homewood, Illinois, Richard A. Irwin, Inc.

[16] F. M. Listengurt, V. V. Pokshishevskiy. Social development, urbanization and the environment [J]. GeoJournal, 1980, 4 (1).

[17] GU Chaolin, WU Liya, Ian Cook. Progress in research on Chinese urbanization. Frontiers of Architectural Research, 2012, Vol. 1 (2).

[18] Harris John, and Michael P. Todaro, 1970, "Migration, Unemployment, and Development: A Two-sector Analysis," American Economic Review, 60, pp. 126–142.

[19] Hayami Yujiro and Vernon W. Ruttan, 1971, Agricultural Development: An International Perspective, Baltimore: The Johns Hopkins Press.

[20] Henderson J. Urbanization and Economie Development. Annals of Eeonomies and Finanee. 2003.

[21] Henderson J. V., Wang H. G., 2005, "Aspects of the Rural – urban Transformation of Countries," Journal of Economic Geography, 5, 23–42.

[22] Henderson, J. V. and H. G. Wang, 2007, "Urbanization and City Growth: The Role of Institutions," Regional Science and Urban Economics, 37, pp. 283–313.

[23] Hirschman A., 1958, The Strategy of Economic Development, New Haven, Conn. : Yale University Press.

[24] Hualou Long, Jian Zou, Yansui Liu. Differentiation of rural develop-

ment driven by industrialization and urbanization in eastern coastal China [J]. Habitat International, 2009, 33 (4).

[25] Jorgensen D. W., 1967, "Surplus Agricultural Labor and the Development of A Dual Economy," Oxford Economic Papers, (19): 288-312.

[26] Kasarda, J. D, nad Crenshaw, E. M. The Third World Urbanization: Dimensions, Theories, and Determinants. Annual Review of Sociology. 1991.

[27] Kevin M. Murphy, Andrei Shleifer, and Robert W. Vishny, 1989, "Income Distribution, Market Size, and Industrialization," Quarterly Journal of Economics, 104: 537-545.

[28] Knight John, 1995, "Price Scissors and the Intersectoral Resource Transfers: Who Paid for Industrialization in China?" Oxford Economic Papers, New Series, Vol. 47, No. 1, pp. 117-135.

[29] Krueger A., 1997, "Trade Policy and Economic Development: How We Learn," American Economic Review, 87 (1): 1-22.

[30] Krugman P., and Elizondo R. Livas, 1996, "Trade Policy and the Third World Metropolis," Journal of Development Economics, 49, 137-150.

[31] Lewis W. Arthur, 1954, "Economic Development with Unlimited Supplies of Labor," Manchester School of Economic and Social Studies, Vol. 22, pp. 139-191.

[32] Lewis W. Arthur, 1972, "Reflections on Unlimited Labor," in Luis DiMarco, ed., International Economics and Development: Essays in Honor of Raul Prebisch. New York: Academic Press, pp. 75-96.

[33] Lewis W. Arthur, "Development Strategy in A Limping World Economy," The Elmhurst Lecture, The International Conference of Agricultural Economist, Baff, Canada, September 3-12, 1979.

[34] MCGEE T G, GEORGE C. S. L, REW M. M, MARK Y L. W, JIAPING W. China's urban space: development under market socialism.

2007.

[35] Meier M. Gerald, James E. Rauch, 2000, Leading Issues in Economic Development, 7th ed., Oxford University Press.

[36] Minami Ryoshin, 1973, "The Turning Point in Economic Development: Japan's Experience," Tokyo, Kinokuniya.

[37] Minghong Tan, Guy M. Robinson, Xiubin Li, Liangjie Xin. Spatial and temporal variability of farm size in China in context of rapid urbanization. Chinese Geographical Science, 2013, Vol. 23 (5), pp. 607–619.

[38] Myrdal G., 1957, Economic Theory and Under-developed Regions, London: Duckworth.

[39] Nurkse R., 1953, Problems of Capital Formation in Underdeveloped Countries, Oxford University Press, New York.

[40] Ohkawa Kazushi, 1972, "Differential Structure and Agriculture: Essays on Dualistic Growth," Tokyo, Kinokuniya.

[41] Paul Hohenberg, Lynn Lees. The making of urban Europe, 1000–1994. 1995.

[42] Pengfei Ni. The goal, path, and policy responses of China's new urbanization. China Finance and Economic Review, 2013, Vol. 1 (1), pp. 1–15.

[43] Ranis Gustav, 2004, "Authur Lewis' Contribution to Development Thinking and Policy," Working Paper of Economic Growth Center of Yale University, No. 891, http://www. econ. yale. edu/~egcenter/.

[44] Ranis Gustav, John C. H. Fei, 1961, "A Theory of Economic Development," American Economic Review, 51 (4), pp. 533–565.

[45] Rosenstein-Rodan P., 1943, "Problems of Industrialization of Eastern and Southeastern Europe," Economic Journal, 53 (210–211): 202–211.

[46] Rostow W. W., 1960, The Strategy of Economic Growth: A Non–

Communist Manifesto, Cambridge University Press, Cambridge, UK.

[47] Sah R. Kumar and Joseph Stiglitz, 1984, "The Economics of Price Scissors," American Economic Review, 74 , pp. 125-138.

[48] Sen Amartya K., 1966, "Peasants and Dualism with and without Surplus Labor," Journal of Political Economy, 74: 425-450.

[49] Sen Amartya K., 1967a, "Review of J. C. H. Fei and G. Ranis, Development of the Labor Surplus Economy: Theory and Policy," Economic Journal, 77: 346-349.

[50] Sen Amartya K., 1967b, "Surplus Labor in India: A Critique of Schultz' Statistical Test," Economic Journal, 77: 154-161.

[51] Shultz Theodore W., 1964, Transforming Traditional Agriculture, Yale University Press, New Haven.

[52] Skinner G. William (Eds), 1977, The City in Late Imperial China, Stanford University Press, Stanford, California.

[53] Todaro Michael P., 1969, "A Model of Labor Migration and Urban Unemployment in LDCs," American Economic Review, 59, pp. 138-148.

[54] William Alonso. The economics of urban size [J]. Papers of the Regional Science Association. 1971-12-15.

[55] Xiaochen Meng. Rural-urban laborers-mobility and urbanization in China [J]. Chinese Geographical Science, 1994, 4 (4).

[56] Xin-jing Liu, Wei Yu, Xiao-jing Wang, Rong Sheng, Shu-cheng Zhang, Shi-lin Liu. Research on newly urbanized towns and districts in China. Journal of Shanghai Jiaotong University (Science), 2014, Vol. 19 (2), pp. 251-256.

后 记

2009 年我撰写了《中国城镇化发展研究》一书，在研究城镇化与农村发展关系时发现土地制度和户籍制度对城镇化进程有较大的影响。由此，我萌生了对农村土地改革进一步深入研究的想法。为能更好地分析掌握宏观政策和公共选择对国民经济及社会的影响，我在金融学博士毕业后又直接考入中国社会科学院研究生院政府政策与公共管理系攻读第二个博士学位，并准备把农村土地改革作为博士论文进行研究。我调研了江苏、浙江、内蒙古、辽宁、广东、甘肃、宁夏等21 个省市的近百个乡村。在挂职北京市朝阳区委组织部副部长这段时间里，我走访了北京市周边的郊区农村和城中村。通过与当地农民和农民工交谈，倾听农民的夙愿，了解到农民对农村土地改革的实际要求。十八大后，中共中央加大了对农村土地改革和户籍改革的力度，陆续出台了多项文件，但现有的土地制度以及有关法律和文件之间仍存在诸多矛盾。所以我希望通过深入的探讨和研究能够在中国的土地制度改革等方面产生些积极影响。

论文写作过程中，我的导师刘迎秋院长给了我非常大的帮助和指导。从选题到最终定稿，都倾注了导师的大量心血。他不仅对论文结构和思想体系提出了很多见解，还提供了大量中英文书籍和相关文献资料，使我能够及时了解城镇化进程中的农村土地制度改革研究现状和未来可能的发展方向。恩师多次讲到中国土地制度改革的重要性，并希望我能为中国城镇化进程中农村土地制度改革提出一些有参考价值的思路和创新。

中国社科院李扬副院长是我金融学博士期间的导师，老师渊博的知识、严谨的工作态度、宽宏的气概，对我影响一生。师生情深似海，教诲恩重如山。师恩深深，终身难忘。

中国社会科学院金融系周茂清主任与我情如父子，他在学习和生活中都给了我巨大的帮助。我们经常在一起激烈地讨论学术理论和社会实践，在中国的土地改革进程中他提出了独到的真知灼见。中国社会科学院研究生院文学国副院长和金融所王国刚所长也给了很多建设性意见。我能够顺利完成论文，还受益于校内外的其他师长。在论文开题和确定文章整体思路时，中共中央党校国际战略研究所韩保江所长，中共中央政策研究室社会局李欣欣局长，中国社会科学院经济研究所王红领教授、剧锦文教授、刘霞辉教授都提出了重要的指导意见。尤其是李欣欣局长在评阅时细心地阅读并对一些数据进行认真核对和确认。中国社会科学院农村发展研究所张晓山所长，北京经济管理职业学院谢朝斌院长，农业部产业政策与法规司张红宇司长，农业部发展计划司周应华副司长，中房集团理事长幸福人寿监事长孟晓苏教授，都给了我很多的建议和帮助。中共中央政策研究室副主任郑新立教授，中国社会科学院美国研究所所长郑秉文教授，中共中央政策研究室经济局局长李连仲教授，中国社会科学院研究生院刘艳红教授、吕静教授、张波教授、Edwin 教授和中国人民大学吴汉洪等教授的精彩授课为我论文写作打下了坚实的理论基础。中国社会科学院研究生院政府政策与公共管理系刘克龙副主任、赵晓老师，在我读博期间给予了我很多方面的帮助。对他们我万分感激。

在统计数据和建模分析方面，清华大学公共管理学院的于永达教授为我提供了大量的数据信息，对此铭记于心。

徐广国、杨炜苗、廖小龙、曹群霞作为同窗好友，我们经常在一起激烈地研讨，他们对社会发展和经济学理论的扎实功底让我由衷敬佩。感谢许婉宁、白玉光、王东伟、曹全旺、梁磊、张英、王庆丰、于述强、陈勇、李毓璇等同学，同窗情谊永志不忘。愿大家在今后的学习工作和生活中依旧"同学、同心、同志、同进"。

本书在出版过程中，卢美琪和王向南同志进行了细心的梳理和校正。在此，我要特别表示感谢。

在我读博期间，我的妻子晓敏细心照料我的爷爷、双亲和孩子，让我不受任何来自社会和家庭的繁杂事务的牵绊，使我全身心投入到学习和科研工作中。有了她的支持和鼓励，使我在人生的前进道路上充满无限的激情和动力。

张郁达
2015 年 5 月于北京